边坡预应力锚索施工关键工艺及应用

BIANPO YUYINGLI MAOSUO SHIGONG
GUANJIAN GONGYI JI YINGYONG

毛永强 杨 钊 主 编
陈培帅 王 琳 副主编

人民交通出版社
北京

内 容 提 要

本书全面介绍了边坡预应力锚索的种类、材料、结构、施工机具、工艺流程、检测与监测的系统知识，并结合工程案例讲解了应用流程与效果。本书以边坡预应力锚索施工工艺流程为主线，分章节讲解了每部分工艺的关键点，具有较强的实践性与施工指导价值。此外，本书部分章节还介绍了一些经过现场实践验证的锚索施工新技术、新工艺。

本书可作为一线施工人员开展边坡预应力锚索施工的指导用书，也可作为设计人员开展边坡锚索设计工作时的辅助用书。

图书在版编目(CIP)数据

边坡预应力锚索施工关键工艺及应用 / 毛永强, 杨钊主编. — 北京：人民交通出版社股份有限公司, 2024.9. — ISBN 978-7-114-19635-5

Ⅰ. U416.1

中国国家版本馆 CIP 数据核字第 20247AD552 号

书　　　名：	边坡预应力锚索施工关键工艺及应用
著　作　者：	毛永强　杨　钊
责任编辑：	姚　旭
责任校对：	赵媛媛　卢　弦
责任印制：	张　凯
出版发行：	人民交通出版社
地　　　址：	(100011)北京市朝阳区安定门外外馆斜街3号
网　　　址：	http://www.ccpcl.com.cn
销售电话：	(010)59757973
总　经　销：	人民交通出版社发行部
经　　　销：	各地新华书店
印　　　刷：	北京建宏印刷有限公司
开　　　本：	787×1092　1/16
印　　　张：	8.5
字　　　数：	178千
版　　　次：	2024年9月　第1版
印　　　次：	2024年9月　第1次印刷
书　　　号：	ISBN 978-7-114-19635-5
定　　　价：	58.00元

(有印刷、装订质量问题的图书，由本社负责调换)

前言
PREFACE

  随着我国公路、铁路、地下工程建设事业的发展，工程逐步向地质条件更加复杂、施工环境更加恶劣的区域扩展。在西南深山、峡谷中建设公路、铁路、水利工程时，大量挖方边坡采用了预应力锚索支护，许多滑坡治理同样大量采用预应力锚索。可见，预应力锚索的施工质量直接关系到工程的长期安全稳定。因此，需要对边坡预应力锚索的施工工艺进行系统的总结与创新实践。

  本书以边坡预应力锚索施工工艺流程为主线，结合创新实践案例，全面阐述了预应力锚索种类、结构、施工机具、工艺与质量控制要点以及经过深度实践的创新施工技术等内容。针对锚索施工工艺的各部分，详细地进行总结并加以提炼，介绍创新实践成果，形成理论与实践的浓缩与升华。

  本书由中交第二航务工程局有限公司（简称"中交二航局"）技术中心组织具体编写工作，中交二航局毛永强、杨钊任主编，陈培帅、王琳任副主编。本书共12章。具体分工如下：第1章由毛永强编写，第2章由邓志强编写，第3、4章由杨钊编写，第5、6章由陈培帅、于锦编写，第7、8章由姬付全、刘杰编写，第9章由王琳编写，第10章由熊齐欢、任梦编写，第11章由于锦、邓志强、刘杰编写，第12章由毛永强编写。全书由中交二航局绿缘新材料公司总经理毛永强负责统稿，技术中心杨钊博士负责全书的审核，技术中心陈培帅博士负责全书的校对。在成书的过程中，编者参考了诸多专家、学者的论著，在此一并表示衷心的感谢！

  对于本书在体系、内容上的不妥之处，敬请读者批评指正！

编 者

2024年7月于武汉

目录
CONTENTS

第1章　绪论 ·· 1
  1.1　锚索加固技术发展概况 ·· 2
  1.2　预应力锚索技术的特点 ·· 3
  1.3　预应力锚索加固力学机制 ·· 4

第2章　常见边坡预应力锚索种类 ·· 5
  2.1　荷载集中型锚索 ··· 6
  2.2　荷载分散型锚索 ··· 8
  2.3　锚索类型选择 ·· 10

第3章　锚束体材料 ·· 13
  3.1　锚索材料 ·· 14
  3.2　有黏结预应力钢绞线 ··· 15
  3.3　无黏结预应力钢绞线 ··· 18
  3.4　缓黏结预应力钢绞线 ··· 19
  3.5　质量要求 ·· 21

第4章　锚具 ·· 23
  4.1　锚具型号、质量要求、检验与试验 ·· 24
  4.2　辅助材料 ·· 28

第5章　钻孔 ·· 30
  5.1　钻孔施工一般原则 ·· 31
  5.2　潜孔钻进机具类型及选配 ·· 32
  5.3　钻孔工艺 ·· 44
  5.4　钻机使用注意事项 ·· 47
  5.5　锚索孔成孔注意事项 ··· 49

5.6 锚固长度判识技术 ·· 50
第6章 锚索制作与安装 ·· 58
6.1 锚索制作 ··· 59
6.2 锚索存储 ··· 62
6.3 锚索运输 ··· 62
6.4 锚索安装 ··· 63
第7章 注浆施工 ·· 64
7.1 注浆材料 ··· 65
7.2 注浆设备和工艺 ··· 67
7.3 破碎地层注浆处理措施 ··· 74
7.4 注浆记录 ··· 75
7.5 注浆质量检测 ··· 75
第8章 张拉施工 ·· 77
8.1 张拉设备 ··· 78
8.2 张拉准备 ··· 90
8.3 张拉方法 ··· 92
第9章 封锚 ·· 96
9.1 验收检测 ··· 97
9.2 补偿张拉 ··· 101
9.3 二次接长张拉 ··· 101
9.4 封锚注意事项 ··· 102
第10章 预应力锚索长期监测及控制 ··· 104
10.1 概述 ··· 105
10.2 锚索预应力随时间变化规律 ··· 105
10.3 锚索应力长期监测技术 ··· 108
10.4 锚索预应力变化控制方法 ··· 115
第11章 工程应用实例 ··· 117
11.1 某航运枢纽工程高边坡 ··· 118
11.2 某高速公路隧道进口高边坡 ··· 122
11.3 某航运枢纽指挥中心边坡工程 ··· 123
第12章 总结与展望 ··· 126
参考文献 ·· 128

第 1 章

绪论

1.1 锚索加固技术发展概况

随着工程建设的不断发展,岩土工程技术的地位日益突出。锚索加固技术作为其中的重要分支,在国内外得到了广泛的关注和应用。锚索加固技术以其特有的优势,如能提高岩土体的稳定性、减少对周围环境的影响等,在许多工程领域中发挥着不可替代的作用。

自1872年英国北威尔士(N.Wales)的一家板岩采石厂首次将锚杆(索)投入使用以来,以锚索为代表的岩土锚固技术在随后100多年的岩土工程实践中被广泛应用,解决了大量的岩土工程锚固难题,产生了巨大的社会经济效益。在此过程中,锚索加固技术也取得了持续发展。

近年来,人们在岩土锚固理论、设计、计算方法、施工工艺、锚固检(监)测、新材料等方面,取得了十分重大的进步。其中,锚索的创新发展尤为突出,最能反映锚固技术取得的重大进步。经过国内外研究者的不懈努力,针对不同应用场景,已形成了多种锚索支护体系。为解决城市地下基坑锚索侵入"红线"的问题,20世纪90年代,国外提出了可回收式锚索,国内也在2000年以后研制出多款回收式锚索;为解决高腐蚀环境下的锚索防腐难题,国外试图采用非金属锚杆(索)取代钢锚索,从根本上解决钢绞线腐蚀问题,并先后研制出碳纤维与玻璃纤维钢绞线;为解决软土地层环境中锚固力不足的问题,先后研制出扩体锚索和二次高压灌浆锚索。经过多年发展,国内外锚索加固技术研究的重点与趋势主要集中在以下方面:

(1)在锚索黏结应力分布特征的研究与锚索荷载传递机制的优化方面,综合运用了试验与数值模拟的分析方法,对锚索的黏结应力分布特征进行了深入探索。研究结果显示,锚索锚固段的应力分布存在显著的不均匀性,并且平均黏结应力会随着锚固长度的增加而逐渐减小。

(2)在锚索钢绞线防腐蚀技术方面,国外研究者发现,锚索的腐蚀问题主要集中在锚头及其与自由段、锚固段交界的位置。特别是锚头,由于其特殊的结构和工作环境,特别容易受到腐蚀的影响。因此,必须加强对锚头的早期防护,以延长锚索的使用寿命。

(3)在高承载力锚固体系的开发与应用方面,随着高强度钢绞线的生产和深大钻孔技术的不断进步,单根锚杆(索)在实际工程中的承载力得到了显著提升。例如,德国采用了104根长75m、单锚设计承载力高达4500kN的预应力锚杆,成功加固了高47m的Eder混凝土重力坝,充分展示了高承载力锚固体系的强大实力。

(4)在锚索结构形式的演变方面,经历了从涨壳式内锚头到黏结式内锚固段的转变,以及从拉式预应力锚索到压式预应力锚索的革新。在材料方面,从使用高强度钢丝逐步过渡到采用高强度、低松弛钢绞线,有效减小了材料蠕变的影响。近年来,高压灌浆型预应力锚索、压力分散型预应力锚索以及分散性拉压式预应力锚索等新型结构备受关注,它们为锚索技术的发展注入了新的活力。

（5）在锚索施工机具的升级换代方面，进步同样显著。锚索的施工长度从最初的10余米发展到现在的70余米，锚具也从顶压式进化为自锁式，张拉千斤顶的承载能力更是从600kN提升至6000kN。此外，潜孔冲击钻机也从中压气动升级到了高压气动，扩孔钻头则从偏心扩孔发展到了同心扩孔，这些改进都极大地提高了施工效率和质量。

总之，预应力锚索技术的发展，适应了各种边（岸）坡工程、高坝工程、深基坑工程、地质灾害防治工程、隧道与地下工程、水工与特殊用途的高边墙大洞室、矮墙大洞室工程的施工需要。

1.2 预应力锚索技术的特点

预应力锚固是用锚固方法增加支挡结构或岩土体稳定性的一种措施。其方法是打钻孔穿过有可能滑动的或已经滑动过的滑动面，将钢绞线的一端固定在孔底的稳定岩土体中，再将钢绞线自由端拉紧以致能产生一定的回弹力（即预应力），然后将钢绞线另一端固定于岩土体或支挡结构表面，利用钢筋的回弹力压紧可能滑动的岩土体或支挡结构，以增大滑动面上的抗剪强度，从而达到提高岩土体或支挡结构稳定性的目的。

1）随机补强

预应力锚索的预加应力可根据对围岩变形的控制要求、时效作用下的损失情况，进行随机补强，确保预应力锚索能够长期有效。

2）深层控制

预应力锚索的长度，可视工程需要确定。长度越大，控制岩体变形的深度越大，调整围岩应力的范围越深。对于大型水电站、船闸等高边坡工程、地质灾害防治工程、高边墙大洞室工程等的加固，锚固技术因其深层控制特点而具有无可比拟的优越性。

3）主动控制

所谓主动控制，就是通过对锚索施加预拉力，主动控制岩体变形，调整岩体的应力状态，使之有利于岩体的稳定性。这是预应力技术在锚固技术方面的应用与发展，使预应力锚索具备了主动控制的特点。

4）超前控制

超前预加固技术，能超前、超长对不稳定岩土体进行预先支护，既能控制围岩在开挖（或掘进）时的变形与位移，又能防止不稳定岩体坍塌破坏，保证施工安全。锚索技术的这种特点，对于城市浅埋暗挖大跨度地下工程施工，具有其他工程技术手段无法替代的优越性。

5）施工快捷

锚固技术能边掘进（或开挖）边支护；既能随机补强，又能超前预支护；既能深层控制，又能主动控制；既不需要立模板，又不需要捣筑，因而锚固技术施工快捷。

1.3 预应力锚索加固力学机制

预应力锚索属于典型的柔性工程,可以在一定范围内通过自由段的伸长来避免锚索出现抗剪状态,属于典型的"以柔克刚"型结构受力模式。自由段的存在,使锚索中仅全黏结的锚固段钢绞线与周边的岩土体"共进退",而自由段钢绞线则可在聚氯乙烯(PVC)管套中与锚固浆体隔绝,后续被张拉形成回弹段,即形成了产生预应力的功能段。一旦坡体出现相对变形趋势,锚索将直接通过预应力对坡体潜在下滑力进行平衡,同时锚索自由段会出现一定的位移、变形,用来协调锚索与周边岩土体的受力。预应力锚索加固的力学机理如图1.3-1所示。

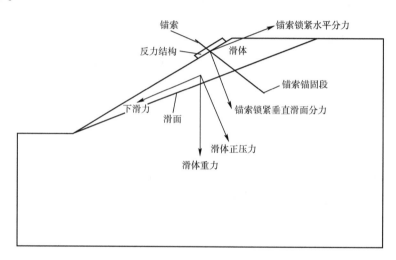

图1.3-1 预应力锚索加固力学机理

锚索自由段经过张拉锁定后,在锚索内部即可产生预应力,即以坡面反力结构为作用点,对滑体产生主动压力与向上分力,从而增加滑面摩擦,增大抗滑力,提升边坡的整体稳定性。

第 2 章

常见边坡预应力锚索种类

边坡地质条件变异性大,预应力锚索功能及结构复杂,目前尚无统一的分类标准。从结构上看,外锚头,要求有可靠的锚固效果,避免产生滑丝等因素造成的预应力损失。锚束体要求具有高强度、低松弛以及高防护性能。锚固段要求能够提供更大的锚固力。目前,外锚头部位和锚束体材料的技术参数都不能满足锚固技术的需要,而锚固段却因地质条件复杂,较难确保其可靠性。因此,将锚索按锚固段的受力状态分类,更具有实用性。按锚束体在内锚固段的受力状态及其分布位置形式,可将其划分为荷载集中型和荷载分散型。

2.1 荷载集中型锚索

荷载集中型锚索按锚索锚固段沿锚索轴向受力状态可分为拉力集中型和压力集中型两种。

2.1.1 拉力集中型锚索

拉力集中型锚索按束体在锚固孔中固定方式又可分为黏结式锚索和机械固定式锚索。由于机械固定式锚索张拉荷载小(<600kN),施工工艺复杂、严格,耐震性差,目前工程上已很少使用。拉力集中型黏结式锚索的结构简单、施工方便、造价较低,其结构如图2.1-1所示。拉力集中型黏结式锚索全长采用等长的普通钢绞线制作,自由段一般采用波纹管与油脂封闭,形成无黏结钢绞线结构,锚固段钢绞线不作特殊处理,如图2.1-2所示。外部张拉力通过自由段钢绞线传送至锚固段,经钢绞线将力转化为束体与注浆体之间的黏结应力,并最终传递到稳定岩土层,形成锚固力。

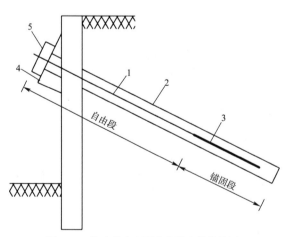

图2.1-1 拉力集中型预应力锚索结构简图
1-锚索体;2-锚索自由段;3-锚索锚固段;4-台座;5-锚具

拉力集中型锚索应力分布不均匀,锚固段靠近孔口端应力集中严重,随预应力的进一步加持,剪应力则向浆体的远端传递,在注浆体-地层的界面逐渐呈现出渐进失效的现象,如图 2.1-3 所示。因此,在锚固段上部浆体容易开裂,特别是 0~1.0m 范围内,束体和浆体之间黏聚力破坏严重,影响锚固效果。

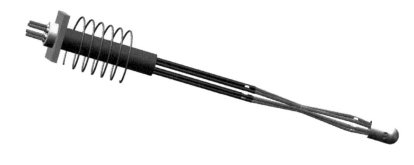

图 2.1-2　拉力集中型预应力锚索模型图

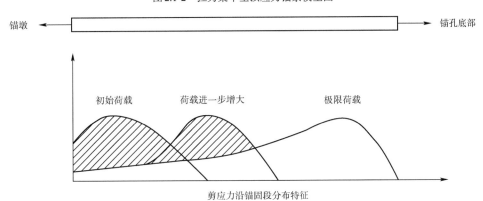

图 2.1-3　拉力集中型预应力锚索剪应力分布特征

拉力集中型锚索多采用二次注浆工艺,第一次注浆只形成内锚段,张拉后,再进行第二次注浆,将束体自由段保护在一定厚度水泥浆体中,防护良好。同时,开裂的内锚段上部将重新得到修补和完善,仍可长久保持防护功能。由于束体被全长黏结在锚固孔中,因此该类锚索也称为全长黏结式锚索。水电系统中也称二次注浆锚索。

水泥浆体对钢材有十分良好的防腐作用,锚索张拉后,即可建立预应力,之后进行的自由段注浆可起到较好的防护作用。内锚段一般处于深部稳定岩体以下一定深度,即使张拉过程中内锚段浆体开裂、防腐难以保证,但张拉段浆体的黏结作用,使锚索仍然能发挥一定作用。全长黏结锚索即使锚具失效,张拉段浆体的黏结作用使锚索仍能发挥一定作用,对锚头防护要求低。

我国采用全长黏结锚索已有近 60 年历史,还未发现此类锚索腐蚀而产生失效的工程实例。大型锚固工程均采用群锚方式,因少量锚索失效而引起整体破坏的概率很小。因此,我国目前的锚固规范,如《岩土锚杆与喷射混凝土支护工程技术规范》(GB 50086—2015)、《水工预应力锚固设计规范》(SL/T 212—2020)、《水电水利工程预应力锚固施工规范》(DL/T 5083—2019)等均规定可采用全长水泥浆体防护的方法。

2.1.2 压力集中型锚索

与拉力集中型锚索不同的是,压力集中型预应力锚索束体采用无黏结钢绞线,如图2.1-4、图2.1-5所示,即采用镀锌或环氧喷涂钢绞线外再包裹一层或两层高密度聚乙烯(PE)套管,束体与浆体相互隔离。该类型锚索能够将荷载直接传递到锚固端底部的承载体上,承载体反向挤压浆体,浆体从底部向上逐步传递荷载,成功地将拉力转化成对注浆体的压力,传递到稳定岩土层。

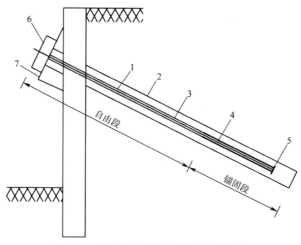

图2.1-4 压力集中型预应力锚索结构简图
1-锚索体;2-锚索自由段;3-锚索锚固段;4-钻孔;5-承载体;6-锚具;7-台座

图2.1-5 压力集中型预应力锚索模型图

从内锚段受力机理来看,绝大部分荷载集中在锚索根部,邻近孔口承受荷载较小,岩体的抗压强度被有效利用,利用锚索可以将稳定性较差的岩土体锚固到地层深部,此种受力方式能使岩土体的抗压性能得到最大效率的利用。同时,解决了水泥浆材料抗压强度不足、易被拉裂的不足,还能提高锚索束体的抗腐蚀性。并且束体为无黏结钢绞线,此类锚索安装后可一次性全孔注浆、简化注浆工序,锚索抗震及耐腐蚀性能较好。但是也应指出,压力集中型锚索的承载力受到内锚段浆体抗压强度的限制,因此采用一个承载体的压力集中型锚索,不可能有较大的承载力。

2.2 荷载分散型锚索

荷载分散型锚索(单孔复合锚固系统)是20世纪70年代Tony Barley将多个独立的锚索

单元安放在同一个钻孔中形成的锚固体系。在研究单孔复合锚固系统时发现,锚固段的荷载分布比传统锚索锚固段的荷载分布更均匀,且能提供更大的锚固力,所以应用得比较广泛。我国在1997年由冶金部建筑研究总院首次引进这种锚索,程良奎等人通过试验对其工作性能进行了较为全面的了解,并在此基础之上研究和开发了一些实用的压力分散型锚索。

荷载分散型锚索的结构特点是将施加的预应力分散在整个锚固段上,使应力应变分散、减小,从而确保锚固体不受破坏。这类锚索多种多样,可分为拉力分散型、压力分散型和拉压分散型等多种形式,目前工程中最常用的是拉力分散型和压力分散型锚索结构。

2.2.1 拉力分散型锚索

拉力分散型锚索束体往往采用无黏结预应力钢绞线,其结构特点是在内锚固段的不同位置处,把无黏结钢绞线剥除2~3m长度的聚乙烯套管,使其变成光裸预应力筋,而成为有黏结段;灌注浆体后,钢绞线与浆体黏结,锚固力传递到被锚固体周围,达到锚固效果,其结构如图2.2-1所示。这种类型的锚索能均匀分散内锚固段上部的集中拉应力,锚固效果较好。

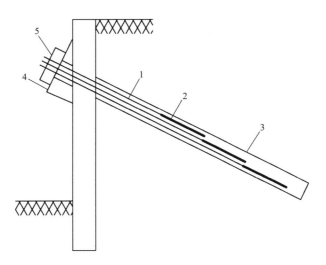

图2.2-1 拉力分散型预应力锚索结构简图
1-拉力分散型锚索单元索体自由段；2-拉力分散型锚索单元索体锚固段；3-钻孔；4-台座；5-锚具

拉力分散型锚索将无黏结预应力筋分组、分层固结于锚孔的不同位置处,同组等长,不同组不等长,由于预应力筋黏结段和无黏结段交替,预应力筋长度不同,位置也不同,因此,荷载发生变化,在不同长度处的预应力筋内产生的应力也发生变化,会引起应力重新分布。

2.2.2 压力分散型锚索

压力分散型锚索由不等长的无黏结钢绞线、承载板、隔离架、挤压套和导向帽组成,其结构特点是钢绞线与注浆体完全分离,通过挤压套将外部施加的拉应力传递给承载体,实现锚固效果,其结构如图2.2-2所示。通常,压力分散型锚索采用多级承载体设计,在不同位置的锚孔中设置承载板和挤压套,将无黏结钢绞线分段锚固,并在注浆后形成多个承载体,随后逐段进行张拉。

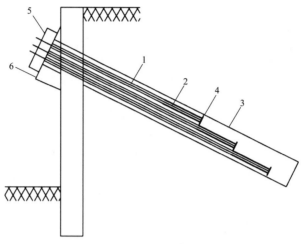

图2.2-2　压力分散型预应力锚索结构简图
1-压力分散型锚索单元索体自由段;2-压力分散型锚索单元索体锚固段;3-钻孔;4-锚索体;5-锚具;6-台座

总张拉力被分散成几个较小的张拉力,通过承压板作用于相应的固定段上,这样能够避免固定段某处的峰值过大,使黏结应力分布较为均匀,如图2.2-3所示,并能主动发挥岩土层的力学特性。为了更好地利用锚固区内岩土体的自身承载力,需要根据地层实际情况决定承压板的放置位置、数量和板间距。因此,它特别适用于加固破碎的岩体或软弱的土壤。此外,由于全部束体都受到油脂和注浆的保护,压力分散型锚索具有更好的防腐蚀性和耐久性,因此广受工程师的喜爱。

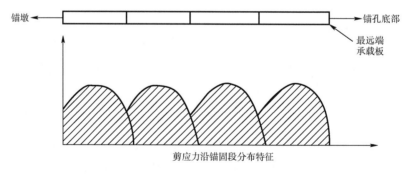

图2.2-3　压力分散型预应力锚索剪应力分布特征图

2.3　锚索类型选择

锚固工程设计中,锚索的类型应根据工程要求、锚固地层形态、锚索极限受拉承载力、不同类型锚索的工作特征、现场条件及施工方法等综合因素选定。

2.3.1 锚固地层性态判定

由于锚索长期在潮湿、高温、腐蚀等恶劣复杂多变的工作环境中(腐蚀性物质、气、水、温度、湿度等),并承受较高的应力,因此,极易通过孔隙与这些有害介质相互作用而受到腐蚀。由于高强预应力筋断面小,腐蚀可能引起锚索的有效截面积变小甚至产生偏心受拉,导致断面损失率大、断裂快。腐蚀后的张拉锚索,其物理性能、力学性能和机械性能也相应地降低。此外,腐蚀不仅减小了钢绞线的受力面积,而且会形成局部腐蚀坑,使得残存在有效截面积上的受力状态更加复杂,形成应力集中。应力集中容易使结构产生早期的破坏,特别是由于反复荷载的作用产生腐蚀疲劳,极大地降低了疲劳强度。当腐蚀的量达到一定程度以后,会产生脆性断裂破坏,进而影响了锚固效果。如法国米克斯坝,在工作仅几个月以后,锚索无法承受13000kN的拉力而发生断裂破坏;我国梅山水电站的坝基加固工程采用无黏结监测锚索,在氢脆及应力腐蚀作用下,出现了多束锚索钢丝断裂现象。

因此,对于永久支护的预应力锚索,其选型及设计必须要考虑地层的影响。根据《岩土锚杆与喷射混凝土支护工程技术规范》(GB 50086—2015),锚索选型前要先进行地质情况调查,当地层中出现表2.3-1所示的一种或多种情况时,应判定该地层具有腐蚀性。

地层腐蚀性判定依据　　　　表2.3-1

地层属性	具体特征(满足一条或多条)
腐蚀性	(1)pH值小于4.5; (2)电阻率小于2000Ω·cm; (3)出现硫化物; (4)出现杂散电流或可造成对水泥浆体与杆体的化学腐蚀

2.3.2 常见锚索工作特性及适用条件

拉力集中型锚索的主要特性是,在受力时,其锚固段的浆体受到拉力并将其传递给周围的地层,结构简单且施工方便。拉力集中型锚索是目前使用最广泛的锚索类型,尤其在土层、坚硬或中硬岩体中的应用效果十分显著。压力型锚索的主要特点是利用锚索底端的承载体使锚索受力时锚固段浆体受压,并通过浆体将拉力传递给周围地层。这类锚索的防腐性能好,但由于注浆体承压面积受到钻孔直径的限制,因而在土中的压力型锚索不可能得到高承载力。拉力分散型与压力分散型锚索工作时能充分利用地层固有强度,其承载力随锚固段长度增加成比例地提高,特别是压力分散型锚索,不仅工作时锚固段注浆体剪应力较均匀,可有效抑制锚索的蠕变,而且锚索全长采用无黏结钢绞线,锚索工作时注浆体处于受压状态,因而具有良好的防腐性能,是目前在软弱破碎岩体和土体锚固工程中大力推广使用的锚索。《岩土锚杆与喷射混凝土支护工程技术规范》(GB 50086—2015)中明确了不同类型预应力锚索的工作特性与适用条件,见表2.3-2。

不同类型预应力锚索的工作特性及适用条件　　　　　　表2.3-2

序号	锚索类型	锚索工作特性与适用条件
1	拉力集中型锚索	(1)锚固地层为硬岩、中硬岩或非软土层； (2)单锚的极限受拉承载力为200~10000kN； (3)当锚固段长大于8m(岩层)和12m(土层)时,锚杆极限抗拔承载力的提高极为有限或不再提高； (4)锚索长度可达50m或更大
2	压力集中型锚索	(1)锚固地层为腐蚀性较高的岩土层； (2)单锚的极限受拉承载力不大于300kN(土层)和1000kN(岩石)； (3)当锚固段长大于8m(岩层)和12m(土层)时,锚索极限抗拔承载力的提高极为有限或不再提高； (4)具有良好的防腐性能； (5)锚索长度可达50m或更大
3	拉力分散型锚索	(1)锚固地层为软岩或土层； (2)锚索极限抗拔承载力可随锚固段长度增大按比例增加； (3)单位长度锚固段承载力高,且蠕变量小； (4)锚索长度可达50m或更大
4	压力分散型锚索	(1)锚固地层为软岩、土层或腐蚀性较高的地层； (2)锚索极限抗拔承载力可随锚固段长度增大成比例增加； (3)单位长度锚固段承载力高,且蠕变量小； (4)良好的防腐性能； (5)锚索长度可达50m或更大

第 3 章

锚束体材料

预应力锚索可根据工程性质、规模、锚固部位等情况选择预应力混凝土用钢丝或预应力钢绞线。预应力钢绞线包括无涂层(有黏结)和涂层(无黏结、缓黏结)高强低松弛钢绞线。

3.1 锚索材料

1)钢绞线

钢绞线应符合《预应力混凝土用钢绞线》(GB/T 5224—2023)或国家现行其他类型钢绞线相关标准的规定。

钢绞线在运输和储存期间,应进行妥善防腐保护,涂油包塑前其表面不应锈蚀及沾染腐蚀介质或其他杂物。

2)防腐润滑涂层

防腐润滑涂层应具有良好的化学稳定性,对周围材料无侵蚀作用,能阻水防潮和抗腐蚀,润滑性能好,在规定温度范围内高温不流淌,低温不变脆。

宜采用防腐润滑脂制作防腐润滑涂层,防润滑脂应符合《无粘结预应力筋用防腐润滑脂》(JG/T 430—2014)的规定,防腐润滑脂生产厂应提供质量证明文件及检测报告。

防腐润滑脂应沿钢绞线全长连续涂敷并充足饱满,防腐润滑脂的含量应符合相关规定。

也可采用其他材料作为防腐润滑涂层,涂层材料的性能应符合《无粘结预应力筋用防腐润滑脂》(JG/T 430—2014)或其他国家现行标准的规定。

3)护套

应采用密度在 $0.942\sim0.965\text{g/cm}^3$ 范围内的高密度聚乙烯树脂制作护套,性能应符合《聚乙烯(PE)树脂》(GB/T 11115—2009)的规定。护套原料生产厂应提供质量证明文件及检测报告。

护套的拉伸性能应符合表3.1-1的规定。护套厚度应均匀。

护套的拉伸性能　　　　　　表3.1-1

拉伸屈服应力(MPa)	拉伸断裂标称应变(%)
≥15	≥400

钢绞线通用结构分为以下9类,结构代号为:

(1)用两根冷拉光圆钢丝捻制成的标准型钢绞线:1×2;
(2)用三根冷拉光圆钢丝捻制成的标准型钢绞线:1×3;
(3)用三根含有刻痕钢丝捻制成的刻痕钢绞线:1×3I;

(4)用七根冷拉光圆钢丝捻制成的标准型钢绞线:1×7;
(5)用六根含有刻痕钢丝和一根冷拉光圆中心钢丝捻制成的刻痕钢绞线:1×7I;
(6)用六根含有螺旋肋钢丝和一根冷拉光圆中心钢丝捻制成的螺旋肋钢绞线:1×7H;
(7)用七根冷拉光圆钢丝捻制后再经冷拔成的模拔钢绞线:(1×7)C;
(8)用十九根冷拉光圆钢丝捻制成的1+9+9西鲁式钢绞线:1×19S;
(9)用十九根冷拉光圆钢丝捻制成的1+6+6/6瓦林吞式钢绞线:1×19W。

工程中预应力锚索常用结构代号为1×7的钢绞线,即用七根冷拉光圆钢丝捻制成的标准型钢绞线。

3.2 有黏结预应力钢绞线

3.2.1 定义

钢绞线根据捻制钢绞线所用钢丝的不同,分为标准型钢绞线、刻痕钢绞线和螺旋肋钢绞线等,以上三种钢绞线分别由冷拉光圆钢丝、含有刻痕钢丝、含有螺旋肋钢丝捻制而成,以准型钢绞线最为常用。

与浆液直接接触,锚索经张拉锁定、灌浆后张拉段与被锚固体无相对滑动的预应力钢绞线称为有黏结预应力钢绞线,如图3.2-1所示。有黏结钢绞线使用方便、造价低,与水泥浆或水泥砂浆有良好的胶结,只要保护层厚度满足要求,防腐性能是可以得到保证的。

采用预应力钢绞线作为锚索材料时,其力学性能等指标应符合《预应力混凝土用钢绞线》(GB/T 5224—2023)的规定。

图3.2-1 有黏结预应力钢绞线

3.2.2 标记

按《预应力混凝土用钢绞线》(GB/T 5224—2023)交货的产品标记应包含下列内容:预应力钢绞线、结构代号、公称直径、强度级别、本文件编号。

示例1:公称直径为15.20mm,抗拉强度为1860MPa的用七根冷拉光圆钢丝捻制成的标准型钢绞线标记为:预应力钢绞线1×7-15.20-1860-GB/T 5224—2023。

示例2:公称直径为8.70mm,抗拉强度为1860MPa的用三根含有刻痕钢丝枪制成的刻痕钢绞线标记为:预应力钢绞线1×3I-8.70-1860-GB/T 5224—2023。

示例3:公称直径为21.60mm,抗拉强度为1770MPa的用六根含有螺旋肋钢丝和一根冷拉光圆中心钢丝捻制成的螺旋肋钢绞线标记为:预应力钢绞线1×7H-21.60-1770-GB/T

5224—2023。

示例4：公称直径为12.70mm，抗拉强度为1860MPa的用七根冷拉光圆钢丝捻制后再经冷拔成的模拔钢绞线标记为：预应力钢绞线(1×7)C-12.70-1860-GB/T 5224—2023。

示例5：公称直径为21.8mm，抗拉强度为1860MPa的用十九根冷拉光圆钢丝捻制成的西鲁式钢绞线标记为：预应力钢绞线1×19S-21.8-1860-GB/T 5224—2023。

3.2.3 规格和性能

1×7结构钢绞线的尺寸及允许偏差、公称横截面积、每米理论质量见表3.2-1，横截面形状示意图如图3.2-2所示。

1×7结构钢绞线的尺寸及允许偏差、公称横截面积、每米理论质量　　表3.2-1

钢绞线结构	公称直径 D_n(mm)	直径允许偏差 (mm)	钢绞线公称横截面积 S_n(mm²)	每米理论质量 g(m)	中心钢丝直径 d_0加大比 (≥)
1×7	9.5	+0.30 / −0.15	54.8	430	2.5%
	11.10		74.2	582	
	12.70	+0.40 / −0.15	98.7	775	
	15.20		140	1101	
	15.70		150	1178	
	17.80		191	1500	
	18.90		220	1727	
	21.60		285	2237	
(1×7)C	12.70	+0.40 / −0.15	112	890	
	15.20		165	1295	
	18.00		223	1750	

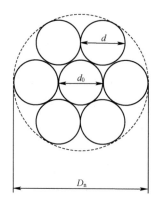

图3.2-2　1×7结构钢绞线横截面形状示意图

1×7结构钢绞线的力学性能应符合表3.2-2的规定。

1×7结构钢绞线力学性能

表 3.2-2

钢绞线结构	公称直径 D_n(mm)	公称抗拉强度 R_m(MPa)	整根钢绞线最大力 F_m(kN)(≥)	整根钢绞线最大力的最大值 $F_{m,max}$(kN)(≤)	0.2%屈服力 $F_{p0.2}$(kN)(≥)	最大总延伸率(L_0≥500mm) A_{gt}(≥)	应力松弛性能 初始负荷相当于实际最大力的百分数	应力松弛性能 1000h应力松弛率 r(≤)
1×7 1×7I 1×7H	21.60	1770	504	561	444	3.5%	70%~80%	2.5%~4.5%
	9.5	1860	102	113	89.8			
	11.10		138	153	121			
	12.70		184	203	162			
	15.20		260	288	229			
	15.70		279	309	246			
	17.80		355	391	311			
	18.90		409	453	360			
	21.60		530	587	466			
1×7	9.5	1960	107	118	94.2			
	11.10		145	160	128			
	12.70		193	213	170			
	15.20		274	302	241			
	15.70		294	324	259			
	17.80		374	413	329			
	18.90		431	475	379			
	21.60		559	616	492			
	9.5	2160	118	129	104			
	11.10		160	175	141			
	12.70		213	233	187			
	15.20		302	330	266			
	15.70		324	354	285			
	9.5	2230	122	133	107			
	11.10		165	180	145			
	12.70		220	240	194			
	15.20		312	340	275			
	15.70		335	365	295			
	9.5	2360	129	140	114			
	11.10		175	190	154			
	12.70		233	253	205			
	15.20		330	358	290			
(1×7)C	12.70	1860	208	231	183			
	15.20	1820	300	333	264			
	18.00	1720	384	428	338			

注：0.2%屈服力 $F_{p0.2}$ 值应为整根钢绞线实际最大力 F_{ma} 的88%~95%。

3.3 无黏结预应力钢绞线

3.3.1 定义

表面涂敷防腐润滑涂层,外包护套,与护套之间可永久相对滑动的预应力钢绞线称为无黏结预应力钢绞线,如图3.3-1所示。

图3.3-1 无黏结预应力钢绞线

近10年来,无黏结钢绞线使大量用于锚固工程,特别是对抗腐蚀要求较高、观测性预应力锚索或被锚固介质压缩变形较大需要进行补偿张拉时,无黏结钢绞线优点突出,宜采用无黏结预应力钢绞线作为锚索材料。

无黏结钢绞线外包材料的化学稳定性及防腐介质的质量涂敷量和聚乙烯护套厚度等指标应符合《无粘结预应力钢绞线》(JG/T 161—2016)的规定。

3.3.2 标记

无黏结预应力钢绞线的标记由产品名称代号、钢绞线的公称直径、钢绞线的公称抗拉强度和标准号组成。

3.3.3 规格和性能

无黏结预应力钢绞线的主要规格和性能应符合表3.3-1的规定。

无黏结预应力钢绞线的规格和性能 表3.3-1

钢绞线			防腐润滑脂含量 (g/m)	护套厚度 (mm)	直线筋摩擦因数 k	曲线筋摩擦因数 μ
公称直径 (mm)	公称横截面积 (mm^2)	公称抗拉强度 (MPa)				
9.50	54.80	1720	≥32	≥1.0	≤0.004	≤0.09

续上表

钢绞线			防腐润滑脂含量（g/m）	护套厚度（mm）	直线筋摩擦因数 k	曲线筋摩擦因数 μ
公称直径（mm）	公称横截面积（mm²）	公称抗拉强度（MPa）				
9.50	54.80	1860	≥32	≥1.0	≤0.004	≤0.09
		1960				
12.7	98.7	1720	≥43	≥1.0	≤0.004	≤0.09
		1860				
		1960				
15.2	140.00	1720	≥50	≥1.0	≤0.004	≤0.09
		1860				
		1960				
15.7	150.00	1720	≥53	≥1.0	≤0.004	≤0.09
		1860				
		1960				

3.4 缓黏结预应力钢绞线

3.4.1 定义

用缓黏结专用粘合剂和高密度聚乙烯护套涂敷的预应力钢绞线称为缓黏结预应力钢绞线。预应力钢绞线经胶粘剂处理后，初始具有无黏结钢绞线功能，当胶粘剂固化后，即变为有黏结钢绞线。

缓黏结预应力钢绞线按护套表面有无横肋分为：带肋缓黏结预应力钢绞线（图3.4-1），其代号为RPSR；无肋缓黏结预应力钢绞线，其代号为RPSP。

缓黏结预应力钢绞线应符合《缓粘结预应力钢绞线》（JG/T 369—2012）的规定。

图3.4-1 带肋缓黏结预应力钢绞线

3.4.2 标记

缓黏结预应力钢绞线的标记由分类代号、技术特性(标准张拉适应期、标准固化时间、钢绞线公称直径和抗拉强度标准值)和标准号组成。

示例1：缓凝粘合剂的标准张拉适用期为60d、标准固化时间为180d、公称直径为15.20mm、强度等级为1860MPa的带肋缓黏结预应力钢绞线,标记为:RPSR-60-180-15.20-1860-JG/T 369—2012。

3.4.3 规格和性能

缓黏结顶应力钢绞线的主要规格和性能应符合表3.4-1的规定。

缓黏结预应力钢绞线的规格和性能 表3.4-1

钢绞线			护套				张拉试用期内摩擦因数	
公称直径 (mm)	公称横截面积 (mm^2)	公称抗拉强度 (MPa)	厚度 (mm)	肋宽 a (mm)	肋高 h (mm)	肋间距 l (mm)	直线筋 k	曲线筋 μ
15.20	140	1570	$1.0^{+0.4}_{-0.2}$	$0.4l\sim0.7l$	≥ 1.2	$0.4l\sim0.7l$	$0.004\sim0.012$	$0.06\sim0.12$
		1670						
		1720						
		1860						
		1960						

注：张拉适用期内早期张拉时摩擦因数宜取小值，后期张拉时摩擦因数宜取大值。

3.4.4 材质要求

1）钢绞线

制作缓黏结预应力钢绞线用的钢绞线,其公称直径、整根钢绞线最大拉力、规定非比例延伸力、最大力总伸长率和伸直性等应符合《预应力混凝土用钢绞线》(GB/T 5224—2023)的规定。涂敷缓凝粘合剂前,预应力钢绞线表面不应生锈及沾染杂质。

2）缓凝粘合剂

用于生产缓黏结预应力钢绞线的缓凝粘合剂固化后的拉伸剪切强度、弯曲强度、抗压强度等应符合《缓粘结预应力钢绞线专用粘合剂》(JG/T 370—2012)的规定,带肋缓黏结预应力钢绞线每延米缓凝胶粘剂质量应大于或等于200g/m,无肋钢绞线缓黏结预应力钢纹线每延米缓凝胶粘剂质量应大于或等于190g/m。

3）护套

缓黏结预应力钢绞线护套材料宜采用挤塑型高密度聚乙烯树脂,其拉伸强度、弯曲屈服强度、断裂伸长率等应符合《聚乙烯(PE)树脂》(GB/T 11115—2009)的规定。

3.5 质量要求

3.5.1 质量文件

进场的每盘(捆)钢绞线均应具有材质证明书和产品合格证;进场的产品应具有厂家提供的试验检测报告;无黏结预应力钢绞线还应提供所用高密度聚乙烯树脂和预应力钢绞线专用防腐润滑脂的材质证明书。

3.5.2 外观检查

进场的锚索材料质量文件检查完成后,应组织专人进行外观检查并记录检查结果。外观检查应符合下列规定:

(1)钢绞线外包装应完整,表面应无油渍、毛刺、损伤;伸直性能良好,无散头;涂层钢绞线的保护层无损伤。允许钢绞线表面有轻微浮锈,但表面不能有目视可见的锈蚀凹坑,表面允许存在回火颜色。

(2)无黏结钢绞线的护套表面应光滑、无褶皱、无裂缝、无凹陷、无机械损伤、无漏油点及未塑化颗粒,如发现上述缺陷应处理合格。

(3)检验合格的钢绞线在现场存放期超过1年再用时应进行外观检查。

(4)外观检查后要在外观检查记录上签署材料检查结果和意见,并附于锚索制作工序表之后备查。

3.5.3 性能试验

进场的预应力钢绞在使用前应进行力学性能检测。

试件制备应符合下列要求:

(1)从外观检验合格的钢绞线中抽取试件。检验频次为同品种、同型号和同一生产工艺生产,每60t为一个批次,不足60t也作为一个批次。每批次随机选取3盘,每盘各抽取1根试件组成一个试验组。设计另有要求时,应按设计要求执行。

(2)试件制取时,应从所选钢绞线盘内先截取500mm,再根据试验条件截取900~1200mm(测试标距为610mm)。

(3)每根钢绞线试件两端均应用胶布贴裹编号,注明钢绞线生产厂家、强度等级、生产日期、盘号、试件编号等,送检时应避免损坏。

试件检验应符合下列要求:

(1)钢绞线力学性能试验检验项目应包括极限抗拉强度、伸长率、松弛性能、弹性模量等。松弛性能、弹性模量检验应由厂家进行,其检验成果随货提供。其余检验项目应由具有相应资质的试验检验机构进行试验。

(2)试件送检单位应与相应检验机构签订钢绞线力学性能检验委托书,应明确送检试件名称、规格、数量、检验项目、送检日期、见证取样单位、见证人、送样人、检验成果、提交日期及其他有关事宜。

(3)被委托机构应按委托书规定的项目进行钢绞线力学性能检验,按规定的日期向委托单位提交钢绞线力学性能检验报告,报告中应提供委托检验项目的检验结果,并判定送检试件是否合格。

检验判定合格标准应符合下列要求:

(1)3根钢绞线试件中,如有1根试件的主要力学指标不合格,应再随机抽查6根试件复检,如再有1根不合格,则该批次钢绞线应判为不合格。

(2)如试件在夹头内或距钳口两倍钢绞线公称直径内断裂而达不到标准性能要求时,则判为检验无效,应进行复检。

第 4 章

锚具

锚具是指预应力混凝土中所用的永久性锚固装置,是在后张法结构或构件中,为保持预应力筋的拉力并将其传递到混凝土内部的锚固工具,也称为预应力锚具。锚具是锚索产生、维持预应力的重要构件,决定了锚索锚固后能否保持较好的锚固性能,维持长久的预应力不松弛,因此选择高质量的锚具至关重要。目前,国内已经具备研制、生产高质量且适用于不同建设领域的锚具产品。本章主要介绍用于边坡锚固钢绞线的夹片式锚具及相关辅助材料。

夹片式锚具就是利用锥孔的楔紧原理将钢绞线锚固,即楔形夹片把钢绞线锚固于锚板锥形孔内,当使用千斤顶对钢绞线束进行张拉,达到设计应力值以后,千斤顶缓慢放张,锚具的夹片即被匀速回缩运动的钢绞线束带进锚板的锥形孔内,形成一个锚固单元,钢绞线束的应力通过锚板及锚垫板传递到建筑结构上,形成永久预应力。

4.1 锚具型号、质量要求、检验与试验

4.1.1 锚具型号

锚具可分为圆形夹片式、扁形夹片式,镦头支承式、螺母支承式、握裹挤压式、握裹压花式、组合式等。边坡预应力锚索施工中,主要采用圆形夹片式(YJM)的锚具,并采用圆筒形穿心千斤顶进行张拉施工。常用的圆形锚具型号及配套千斤顶见表4.1-1~表4.1-4。

欧维姆(OVM)系列锚具及配套千斤顶　　　　表4.1-1

锚具规格	钢绞线根数	锚固能力			配套千斤顶
		理论破断力(kN)	张拉力(kN)	超张拉(kN)	
15-1	1	260.7	195.5	208.6	YC20Q
15-3	3	782.1	586.6	625.7	YCW100
15-4	4	1042.8	782.1	834.2	YCW100
15-5	5	1303.5	977.7	1042.8	YCW100
15-6	6	1564.2	1173.2	1251.4	YCW150
15-7	7	1824.9	1368.7	1459.9	YCW150
15-9	9	2346.3	1759.8	1877.0	YCW250
15-12	12	3128.4	2346.4	2502.7	YCW250
15-19	19	4953.3	3715.1	3962.6	YCW400
15-27	27	7038.9	5279.3	5631.1	YCW650
15-31	31	8081.7	6061.4	6465.4	YCW650
15-37	37	9645.9	7234.4	7716.7	YCW900

第4章 锚具

续上表

锚具规格	钢绞线根数	锚固能力			配套千斤顶
		理论破断力(kN)	张拉力(kN)	超张拉(kN)	
15-43	43	11210.1	8407.6	8968.1	YCW900
15-55	55	14338.5	10753.9	11470.8	YCW1200

XM15系列锚具及配套千斤顶　　　　　　　　　　表4.1-2

锚具规格	钢绞线根数	锚固能力			配套千斤顶
		理论破断力(kN)	张拉力(kN)	超张拉(kN)	
15-1	1	219.5	164.6	175.6	YC20D、QYC230
15-3	3	658.5	493.9	526.8	YCD1200
15-4	4	878.0	658.5	702.4	YCD1200
15-5	5	1097.5	823.1	878.0	YCD1200
15-6	6	1317.0	987.8	1053.6	YCD1200
15-7	7	1536.5	1152.4	1229.2	YCD1200
15-8	8	1756.0	1317.0	1404.8	YCD1200
15-9	9	1975.5	1481.6	1580.4	YCD2000
15-10	10	2195.0	1646.3	1756.0	YCD2000
15-11/12	11/12	2634.0	1975.5	2107.2	YCD2000
15-13/19	13/19	4170.5	3127.9	3336.4	YCD2000
15-20/21	20/21	4609.5	3457.1	3687.6	YCD2000
15-22/27	22/27	5926.5	4444.9	4741.2	YCW650
15-28/31	28/31	6804.5	5103.4	5443.6	YCW650
15-32/37	32/37	8121.5	6091.1	6497.2	YCW650

XYM15系列锚具及配套千斤顶　　　　　　　　　　表4.1-3

锚具规格	钢绞线根数	锚固能力			配套千斤顶
		理论破断力(kN)	张拉力(kN)	超张拉(kN)	
15-1	1	219.5	164.6	175.6	YC20D、QYC230
15-3	3	650.5	493.9	526.8	YCD1200
15-4	4	878.0	658.5	702.4	YCD1200
15-5	5	1097.5	823.1	878.0	YCD1200
15-6/7	6/7	1536.5	1152.4	1229.2	YCD1200
15-8	8	1756.0	1317.0	1404.8	YCD2000

续上表

锚具规格	钢绞线根数	锚固能力			配套千斤顶
		理论破断力(kN)	张拉力(kN)	超张拉(kN)	
15-9	9	1975.5	1481.6	1580.4	YCD2000
15-10	10	2195.0	1646.3	1756.0	
15-12	12	2634.0	1975.5	2107.2	
15-14	14	3073.0	2304.8	2458.4	
15-16	16	3512.0	2634.0	2809.6	YCW4600
15-19	19	4170.5	3127.9	3336.4	
15-22	22	4829.0	3621.8	3863.2	
15-24	24	5268.0	3951.0	4214.4	
15-25/27	25/27	5926.5	4444.9	4741.2	YCW650
15-31	31	6804.5	5103.4	5443.6	
15-37	37	8121.5	6091.1	6497.2	
15-44	44	9658.0	7243.5	7726.4	YCW900
15-55	55	12072.5	9054.4	9658.0	YCW1200

QM15 系列锚具及配套千斤顶　　　　　　　　　　　表 4.1-4

锚具规格	钢绞线根数	锚固能力			配套千斤顶
		理论破断力(kN)	张拉力(kN)	超张拉(kN)	
15-3	3	658.5	493.9	526.8	YC20Q
15-4	4	878.0	658.5	702.4	YCW100
15-5	5	1097.5	823.1	878.0	
15-6/7	6/7	1536.5	1152.4	1229.2	YCW150
15-8	8	1756.0	1317.0	1404.8	
15-9	9	1975.5	1481.6	1580.4	YCW250
15-12	12	2634.0	1975.5	2107.2	
15-14	14	3073.0	2304.8	2458.4	
15-19	19	4170.5	3127.9	3336.4	YCW400

　　圆形夹片式的锚具由锚板、垫板、夹片、螺旋筋组成。锚板上经过加工后,具有多个锥形锚孔,锚索穿入后放入夹片,经过张拉即可将锚索锁定在边坡地梁上。锚垫板则是被用于辅助承受预加力并将其传递给混凝土梁结构的锚具部件。螺旋筋是被埋置于预应力混

凝土结构中,置于锚固区中与锚垫板配合使用,用以提高锚固区混凝土抗裂能力和极限承载能力的锚具部件,如图4.1-1所示。

图4.1-1 锚具4件套(锚板、垫板、夹片、螺旋筋)

4.1.2 质量要求

选用锚具时,应当选择符合《预应力筋用锚具、夹具和连接器》(GB/T 14370—2015)规定的合格产品,必须拥有出厂合格证明和质量检验证明。选用时,锚具的型号与规格应根据设计要求的锚索体规格、锚固力大小、承载条件等确定。承受动载和承受静载的重要工程,应当使用Ⅰ类锚具;受力条件一般的非重要工程,可使用Ⅱ类锚具。锚具使用前应进行抽检。

4.1.3 检验与试验

锚具在使用前,应对外观、硬度、力学性能进行检验和试验,确保锚具满足使用要求。

1)外观检查

从每批中抽取10%的锚具,且不少于10套,检查其外观和尺寸。如有一套表面有裂纹或超过产品标准及设计图纸规定的允许偏差,则另取双倍数量的锚具进行重新检查;如有一套仍不符合要求,则应逐套检查,合格者方可使用。

2)硬度检查

从每批中抽取5%,且不少于5套的锚具,对其中的锚环及不少于5片的夹片进行硬度试验。每个零件测试3点,其硬度应在设计要求的范围内。如有一个试件不符合要求,则另取双倍数量的零件重做试验;如仍有一个试件不符合要求,则该批锚具为不合格产品。

3)力学性能试验

锚具的力学性能试验主要为静载锚固能力与动载锚固能力试验两方面。锚具的静载锚固性能、锚具效率系数η_a和组装件预应力筋受力长度的总伸长率ε_{Tu}应符合表4.1-5的规定。

静载锚固性能要求　　　　　　　　表4.1-5

锚具类型	锚具效率系数	总伸长率
体内、体外束中预应力钢材用锚具	$\eta_a = \dfrac{F_{Tu}}{n \times F_{pm}} \geq 0.95$	$\varepsilon_{Tu} \geq 2.0\%$
拉索中预应力钢材用锚具	$\eta_a = \dfrac{F_{Tu}}{f_{ptk}} \geq 0.95$	$\varepsilon_{Tu} \geq 2.0\%$
纤维增强复合材料筋用锚具	$\eta_a = \dfrac{F_{Tu}}{f_{ptk}} \geq 0.90$	

表4.1-5中，f_{ptk}为预应力筋公称极限抗拉力；F_{Tu}为预应力筋的实测极限抗拉力，F_{pm}为预应力筋单根试件的实测平均极限抗拉力。

锚具的动载锚固性能测试主要采用疲劳试验进行测试。根据《预应力筋用锚具、夹具和连接器》（GB/T 14370—2015）的规定，预应力筋-锚具组装件应通过200万次疲劳荷载性能试验，并满足下列规定：

（1）当锚固的预应力筋为预应力钢材时，试验应力上限应为预应力筋公称抗拉强度f_{ptk}的65%，疲劳应力幅度不应小于80MPa；工程有特殊需要时，试验应力上限及疲劳应力幅度取值可另定。

（2）拉索疲劳荷载性能的试验应力上限和疲劳应力幅度应按照拉索的类型分别符合国家现行相关标准的规定，或按设计要求确定。

（3）当锚固的预应力筋为纤维增强复合材料筋时，试验应力上限应为预应力筋公称抗拉强度f_{ptk}的50%，疲劳应力幅度不应小于80MPa。

4.2　辅助材料

施工过程中，为确保锚索顺利穿入锚索孔，并在孔内处于较好线形与对中位置，通常需要在锚索编束时，使用一些辅助配件实现上述目的，包括导向帽、隔离支架、对中支架等。

4.2.1　导向帽

导向帽主要用于钢绞线和高强钢丝制作的锚索，其功能是便于锚索推送。导向帽由于在锚固段的远端，即便腐蚀也不会影响锚索性能，所以其材料可使用一般的金属薄板或相应的钢管制作，如图4.2-1所示。

此外，在需要外套波纹管的锚索中，导向帽还可用于钢绞线穿束机穿束时，安装在钢绞线前端的保护套，起到对波纹管的保护作用，预防钢绞线穿束时对波纹管的损伤。

图4.2-1　导向帽

4.2.2 隔离支架

隔离支架(又叫扩张环)的作用是使锚固段各钢绞线相互分离,使钢绞线分布均匀,并且便于注浆,以保证使锚固段钢绞线周围均有一定厚度的注浆体包裹,如图4.2-2所示。

图4.2-2　隔离支架

4.2.3 对中支架

对中支架的作用是使张拉段锚索体在孔中居中,以使错索体被一定厚度的注浆体均匀包裹,如图4.2-3所示。

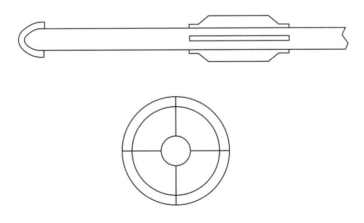

图4.2-3　对中支架

隔离支架和对中支架位于锚索体上,均属锚索的重要配件,所以对于永久锚索,隔离和对中装置应使用耐久性与耐腐蚀性良好,且对锚索体无腐蚀性的材料。因此,一般采用模注聚乙烯或聚丙烯等硬质塑料。

第 5 章

钻孔

第 5 章 钻孔

锚索孔钻孔施工是锚索施工工艺中的十分重要的一个工艺点,占据较大比重的工程量,也是影响工程费用和工期的关键因素。在开展钻孔施工前,应根据钻孔参数、地层类型、地质物理力学参数等,选配适用的钻孔工艺和设备,确保钻孔过程流畅,提高施工效率,降低施工费用。

5.1 钻孔施工一般原则

5.1.1 一般要求

(1) 应对锚固段位置地层的质量和厚度进行确认,如原设计的部位不适合做锚固段,应进行固结灌浆改良、改变锚固段位置或增加锚索长度。

(2) 应根据钻孔设计要求和不同地层条件,选择不同的钻孔机具和钻孔方法。

(3) 钻孔应满足设计图纸要求的参数,其误差应控制在规定的范围内,当由于地形条件限制无法按设计图施工时,应会同设计人员拟定新孔位。

(4) 钻孔应保证在钻进、锚索安装和注浆过程中的稳定性,钻孔完成后应及时进行锚索安装和注浆。

(5) 钻孔用水宜使用清水,不宜使用膨润土悬浊液和泥浆,当钻孔用水可能影响地层的稳定性时,应采用无水钻进。

(6) 钻孔及孔壁上附着的粉尘、泥屑应使用高压空气或水进行彻底清洗,以确保注浆体与孔壁的黏结强度。

(7) 当钻孔过程中有地下水从孔口溢出时,应采用固结注浆,以免锚固段注浆体流失或强度降低。

(8) 对于下倾的钻孔,待钻孔完成并清洗干净后,应对孔口进行暂时封堵,不得使碎屑、杂物进入孔口。

(9) 在钻孔过程中,应注意钻孔速度、返回介质的成分与数量、地下水等资料的收集与记录,发现异常现象应及时向设计人员汇报。

5.1.2 钻孔精度

设计所要求的钻孔直径是为了满足施工和锚索的锚固性能需要,直径过小会造成施工困难或影响锚索性能,过大则会造成浪费,因此应严格按照设计要求进行钻孔。在一般地层中,钻孔完成后,其直径不会发生明显变小,但应考虑到某些地层(如黏土或泥灰岩)中,钻孔完成后几个小时内,孔径可能会严重收缩。当采用套管时,亦应考虑到套管占据的面积。

向下倾斜的钻孔,采用任何清除碎屑的方法都难免会在孔底聚积少量的废渣,这些碎屑将占据孔内一定深度,因此要延长钻孔,但延长的钻孔不应超过1m。

钻孔时,由于钻机的振动可能会使钻机发生移动而造成过大的钻孔误差,因此,应将钻机固定在坚固的基础或重料上。对于一般的工程,锚索入口处误差定为±2.5°是可行的,但对于高密度长锚索群,可能会由于这样的偏差而造成锚固段区域各锚索的相互干扰,在这种情况下,建议将相邻锚索的倾角或锚固段长度交错布置。

钻孔精度根据工程性质的不同而不同,在一般情况下,钻孔的精度应满足以下要求,如图5.1-1所示:

(1)钻孔的孔径应不小于设计要求。

(2)钻孔的实际长度应不小于设计长度且不应大于设计长度的1%,对于下倾钻孔,当有不可排出的松散物时,应考虑松散物所占据孔的深度。

(3)锚索钻孔在任何一个方向上的入口误差不得大于2.5°。

(4)钻孔在钻进长度方向上的孔斜偏差不宜大于钻孔长度的1/30,当有特殊要求时,钻孔误差可根据实际需要确定。

(5)钻孔水平方向的误差不应大于50mm,垂直方向的误差不应大于100mm。

(6)当设计要求钻孔的精度较高时,应当采用受控定向钻孔的钻进工艺。

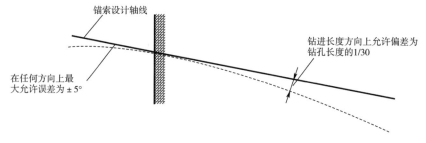

图5.1-1　钻孔精度要求图

5.2　潜孔钻进机具类型及选配

运用于锚索孔施工的冲击回转钻机主要为两类:一类是顶驱式,在钻(钎)杆顶部用风动、液动或电动机构实现冲击,并同时回转钻(钎)杆;另一类是潜孔式,以液力或气力驱动靠近孔底的冲击器,产生冲击载荷,同时由地面机构施加轴向压力和回转扭矩。前者因通过钻(钎)杆传递冲击能,孔深受到限制;而后者钻孔速度快,可以钻更深的孔。而锚索钻孔直径一般大于80mm,长度一般大于10m,因此在岩石中,应优先选用潜孔类冲击类钻机,这不仅是由于经济方面的原因,更重要的是潜孔冲击回转类钻机所钻凿钻孔的孔壁粗糙而对锚索的锚固十分有利。因此在一线施工中,大多数采用潜孔冲击回转类钻机施工锚索孔。本节重点介绍潜孔冲击回转类钻机的原理、类型和选配时关注的要点。

5.2.1 潜孔冲击回转钻进

1)潜孔冲击回转钻进原理

随着钻孔深度的增加,凿岩机凿岩能力在潜杆、接头(中深孔钻孔)等处的损失增大,钻孔速度明显下降,成本增加。为了减少能力的损失,提高钻孔效率,实际工程中设计了潜孔锤钻机。潜孔锤钻机是以压缩空气为动力,回转冲击破碎岩石来成孔的。其工作原理是,潜孔钻的风动冲击器连同钻头装在钎杆的前端,钻孔时,推进机构使钻具连续推进并将一定的轴向压力施加于孔底,使钻头与孔底岩石相接触;回转机构使钻具连续回转,安装在钻杆前面的冲击器,在压缩空气的作用下,使活塞往返冲击钻头,完成对岩石的冲击;压缩空气从回转供风机构进入,经中空杆直达孔底,把破碎的岩粉从钻杆与孔壁之间的环形空间排至孔外,如图5.2-1所示。由此可见,潜孔式凿岩的实质是,在轴向压力的作用下,冲击和回转两种破碎岩石方法的结合,其中冲击是间断的,回转是连续的,岩石在冲击和剪切力作用下不断地被压碎和剪碎。潜孔凿岩中,起主导作用的是冲击做功。

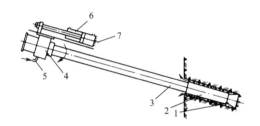

图 5.2-1 作业原理图

1-钻头;2-冲击器;3-钻杆;4-回转机构;5-气接头与操纵机构;6-调压机构;7-支撑、调幅与升降机构

2)冲击回转钻进特点

冲击回转钻进的主要特点是钻头在静压作用下,由纵向冲击功载和回转切削共同作用而破碎岩石。这种钻进方法对钻探设备、钻头结构、钻进规程参数以及附属工具等,都有一些特殊要求。冲击回转钻进能够提高钻进效率,有以下几方面原因:

冲击力是一种加载速度很大的动载荷,其明显特征是作用时间极短,岩石中的接触应力瞬时可达很大值。在这种情况下,岩石不易产生塑性变形而表面为脆性增加。冲击载荷这种瞬时作用和应力集中的特性,有利于岩石中裂隙的扩展而形成大体积破碎,从而提高碎岩速度。

用硬质合金钻头回转钻进坚硬岩石时,切削刃必须在大的轴向压力下才能切入岩石,然而大的轴向压力将使钻刃被磨钝加剧而失去切削岩石的能力,其结果是回次长度和钻头寿命都相应缩短。冲击回转钻进时的情况则相反,它所需的轴向压力较小,转速也很低,与回转钻进相比,由于有冲击载荷作用,岩石破碎更主要以体积破碎形式出现,使钻速加快。同时,破碎同量岩石,切削具摩擦路程缩短,故其磨损也减少,因而可以获得较高的回次进尺和钻头寿命,即提高纯钻进时间。

冲击回转钻进时,加有一定的轴向压力,这就改善了冲击功的传递条件,加强了冲击效果。冲击回转钻进比无预压的冲击钻进效率提高3~5倍,由于冲出器安装在孔底,冲击能直接施加在钻头或粗径钻具上,能量散失小,因此提高了冲击效率。

冲击器连续不断地对岩石施加冲击载荷,在碎岩过程中裂隙扩展可同时从很多薄弱的地方开始破坏,有助于压碎和剪切体产生,容易形成均匀坑穴,而两次冲击间形成的凸扇形体中的裂隙,也给回转作用提供了良好的剪切条件。室内试验证明,在花岗石中,冲击回转钻进比单纯回转钻进效率高5~15倍。

采用高频液动冲击器钻进时,岩石受高频脉冲冲击作用迫使岩石内部分子产生振荡,这也可产生疲劳破碎,使岩石强度降低。

液动冲击器所需的大排量,使孔底液流速度提高,这不仅可起到一定的冲刷岩石的作用,且使孔底不容易积存岩屑,这就造成不发生或少发生岩石的重复破碎。

3) 冲击回转钻进适用范围

实践证明,硬质合金冲击回转钻进最适用于粗颗粒的不均质的岩层,在可钻性6~8级、部分9级的岩石中,钻进效果尤为突出,其效率要高于现用的各种钻进方法(包括金刚石回转钻进)。冲击回转钻进不仅应用于硬质合金钻进,而且还应用于金刚石钻进以及牙轮,钻头钻进。它既可钻进较软的地层,又可钻进坚硬的地层,在易于孔斜的地层可以减少钻孔的斜度。

5.2.2 潜孔锤钻机

1) 潜孔锤钻机类型

潜孔锤钻机按照结构形式,可分为分体式和整体式两类,如图5.2-2、图5.2-3所示。分体式潜孔锤钻机的头部和潜孔锤钻机尾部(钎尾)分开,用特殊螺纹将两者连接起来。当潜孔锤钻机头部损坏后,钎尾仍可留用,节省了钢材。但结构较复杂,能量传递效率有所降低。整体式潜孔锤钻机是头尾做成一体的单体潜孔锤钻机,它易于加工、使用方便,可以减少能量传递时的损失;缺点是当潜孔锤钻机工作面损坏后,造成整体报废。

图5.2-2 分体式潜孔锤钻机

根据孔径的不同,潜孔锤钻机可分为轻型潜孔锤钻机(孔径为80~100mm)、中型潜孔锤钻机(孔径为130~180mm)和重型潜孔锤钻机(孔径为180~250mm)。

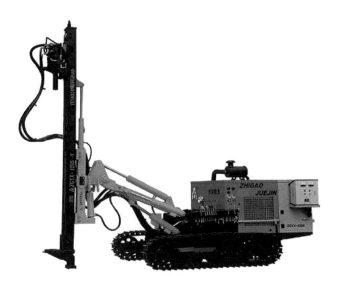

图 5.2-3　整体式潜孔锤钻机

2）潜孔锤钻机特点

气动潜孔锤钻进技术凭借单次冲击功大、排渣风速高等特点，确保了孔底干净且无须二次破碎。在无液柱压力和地下水的条件下，该技术显著改善了孔底的工作环境，从而极大地提高了钻进效率。

潜孔锤的柱齿或球齿硬质合金钻头，特别适用于坚硬且破碎的岩石环境。它们不仅能够有效破碎岩石，而且相较于金刚石钻头，具有更长的使用寿命，从而显著降低了钻头成本。

由于钻具转速较低，钻具与孔壁的碰撞机会大大减少。这种钻进方式通过高频冲击孔底，有效减小了岩石或倾斜地层产生孔斜的可能性。在配备导向钻具的情况下，该技术能够确保钻孔的垂直度，并降低孔壁坍塌的风险。

与传统的纯回转钻进相比，潜孔锤钻进所需的钻压和扭矩显著减小。这不仅减轻了钻机的设备负担，还为大口径硬岩钻进和边坡抗滑加固锚杆孔钻进提供了有利条件。

风动潜孔锤钻进技术采用无循环干式作业方式，其中空气既作为动力源也担任排渣介质的角色。通过配备孔口集尘设备，该技术能够在保证钻进效率的同时，有效防止环境污染。

风动潜孔锤钻机在工作时，单次冲击功能够在瞬间产生巨大的作用力。因此，它不仅适用于软层冲击挤密不排土钻进，还可以应用于非开挖铺管的夯管技术中。

通过采用气动潜孔钻机冲击套管跟进护壁钻孔工艺，可以有效解决在松散层中难以成孔的技术难题，从而提高钻进效率和质量。

3）潜孔锤钻机组成与结构形式

潜孔锤钻机主要由钻机动力头、推进器总成、集尘器总成系统等组成，具体结构如图 5.2-4 所示。

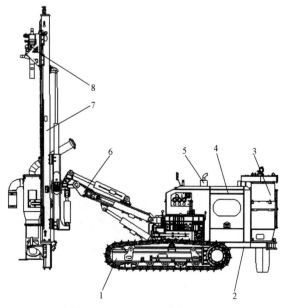

图 5.2-4　ZGYX420B潜孔锤钻机

1-履带总成；2-地盘总成；3-集尘器总成；4-外壳总成；5-发动机总成；6-钻臂总成；7-推进器总成；8-钻机动力头总成

5.2.3　钻机选配要点

钻机是决定锚索孔施工成败的关键因素之一。选用钻机时，应秉承以下原则。

1）广泛适用原则

选购钻机应当不仅只是满足当前施工需要，还应根据工程经营领域和范围、可能承担的施工任务来合理配置，充分考虑钻机的适用范围，既满足当前施工需要，又兼顾其他可能的施工需求，选择生产上适用强的钻机才可创造较高的利润。潜孔钻机，尤其是多功能潜孔钻车，可以施工锚固孔、排水孔、注浆孔、超前地质钻探孔等，具有较广泛的适用性。因此，在许多施工项目一线，经常可以看到潜孔钻机身影。

2）操作性及可维修性

钻机操作简单，便于工人熟练掌握操作技能，可缩短辅助作业时间。

钻机简单易修、配件通用性强、货源供应充分，可降低配件采购价格、设备运转及管理成本。钻机技术支援和售后服务有保障，在机械出现故障时，现场维修工人能及时修复，可避免因等待厂家的技术救援而延误施工生产。此外，钻机还有环保、安全、经济等性能。

对大多数施工来讲，多数人总希望所购置的钻机能得到最大限度的利用。但是在具体工程施工中，由于地质条件的多变性，地理、地貌条件的限制以及工程设计的特殊性，往往对锚固钻机的能力和结构提出一些特殊的要求。使用一种型号或规格的锚固钻机有时不能解决工程中的所有问题。能否科学和经济地选用钻机，使其能力和实施的具体工程相匹配，关系到工程施工能否顺利实施。市场上提供的钻机能力、性能各不相同，重要的是根据施工的具体工程条件来选用、匹配。以潜孔锤钻机为例,其性能主要体现在钻孔深度、钻孔直径等方面。

(1)钻孔深度。

首先要考虑的是项目对钻孔深度的要求。不同的潜孔锤钻机具有不同的钻孔深度能力,通常以米为单位进行衡量。综合钻机自身多方面性能,钻孔时的深度因不同地层需要,存在一个经济钻深概念。在经济钻孔深度范围内,钻孔效率较高,经济性较好,如某些钻机的出厂参数中标识了30m钻深,通常经济钻深为25m。此外,选择钻孔深度参数时,还应从长远考虑,确保选择的潜孔锤钻机具备满足某一类工程分项中常出现的钻孔深度范围需求。

(2)钻孔直径。

在确定钻孔直径时,应当结合日常施工所需、跟管钻进需求等方面进行选择。

(3)回转扭矩。

回转扭矩主要用来克服钻头与孔底的摩擦阻力和剪切阻力以及钻具与孔壁的摩擦阻力。孔径在150mm以下的钻进阻力矩一般为1000N·m左右。大扭矩主要在卸杆、防卡钻时用到;扭矩越大,卸钻杆越容易,防止卡钻的能力越强,能钻孔的深度也越深。在节理比较发育的破碎带中钻进,一定要选择扭矩比较大的钻机;大孔径深孔凿岩作业的回转扭矩也要选择高一些。

$$M = k_\mathrm{m} \frac{D^2}{8.5} \tag{5.2-1}$$

式中:M——钻具的回转扭矩,N·m;

D——钻孔直径,mm;

k_m——扭矩系数,k_m=0.8~1.2,一般取1。

(4)轴推力。

潜孔凿岩主要是靠钻头的冲击能量来破碎岩石,钻头回转主要用来更改凿岩位置避免重复破碎,以及一定程度上的切割岩体。因此,潜孔凿岩不需要很大的轴推力,轴推力过大,不仅会导致回转不连续而产生回转冲击,还会导致孔底钻屑过度破碎,产生能量浪费,影响钻孔速度,同时还会加速钻头的磨损;轴推力过小,钻具反跳加剧,钻头不能紧贴孔底,使冲击能量不能有效作用到孔底岩石上,不仅影响凿岩效率,同时还会加速钻机及钻具的损坏。最优轴推力不仅与钻头直径有关,还与岩石性质有关,钻头直径越大或岩石越硬,最优轴推力越大。

$$P = (3{\sim}3.5)Df \tag{5.2-2}$$

式中:P——合理轴推力,N;

D——钻孔直径,cm;

f——岩石普氏硬度系数。

此外,最优轴推力与钻头直径经验值还可根据表5.2-1取值。

最优轴推力与钻头直径经验值　　　　　表 5.2-1

钻头直径 D(mm)	最优轴推力 P(N)
100	4000~6000
150	6000~10000
200	10000~14000
250	14000~18000

(5)回转转速。

钻头的每一次冲击,其破碎岩石的范围是有限的。如果钻具的转速过快,那么,在两次冲击之间的岩石上,会残留一些未被破碎的岩瘤。这会导致回转阻力矩增大,使得钻具的振动更加剧烈,进而加速钻头的磨损。这不仅会降低钻进的速度,严重时甚至可能引发夹钻事故。而钻具转速过低时,又可能出现重复破碎的现象,因为钻头的冲击能量没有得到充分的利用,从而降低了钻速。

为了找到钻具的最优转速,需要确保钻头在两次冲击之间既不留岩瘤,又不产生重复破碎。然而,这个理想的转速受到许多因素的影响,如钻头直径、岩石的特性、冲击的能量和频率、轴推力、钻头的结构以及硬质合金片(柱)的磨损程度等。由于这些因素的复杂性,很难通过计算得到精确的转速值。因此,通常只能依靠生产经验和试验方法来确定一个合理的转速。

$$n = \left(\frac{6500}{D}\right)^{0.78 \sim 0.95} \tag{5.2-3}$$

式中:n——钻具的合理转速,r/min;

D——钻孔直径,mm。

经验回转转速与钻头直径的关系见表 5.2-2。

回转转速与钻头直径的关系　　　　　表 5.2-2

钻头直径 D(mm)	回转转速 n(r/min)
100	30~40
150	15~25
200	10~20
250	8~15

(6)排渣风量。

排渣风量在钻孔作业中扮演着至关重要的角色,对钻孔速度和钻头使用寿命均产生显著影响。实践经验表明,适当增加排风量能够更有效地清除孔底的岩渣,从而避免岩渣的重复破碎,减少不必要的能量消耗,进而提升钻进效率。同时,适宜的排风量还有助于有效冷却钻头,减少其磨损,从而延长钻头的使用寿命。然而,也需要注意到,如果风量过大,将会导致空气压缩机的容量和能耗增加。此外,过大的排渣速度还可能加速钻杆与孔壁之间的磨损,对钻杆的使用寿命造成不利影响。因此,在调整排渣风量时,需要综合考虑各种因素,以找到最佳的平衡点,确保钻孔作业的高效、稳定进行。

合理的排渣风量取决于钻杆与孔壁之间环形空间内的回风速度。这一速度必须超过岩渣中最大颗粒在孔内的悬浮速度,即所谓的临界沉降速度。根据国外经验,回风速度通常维持在约25.4m/s,且最低不应低于15.3m/s。岩渣的密度与其悬浮速度成正比,即密度越大,悬浮速度也相应增加,因此回风速度也需相应提升。

$$Q = \frac{60\pi k(D^2 - d^2)}{4 \times 10^6} \cdot 4.7 \cdot \sqrt{\frac{b\rho}{1000}} \tag{5.2-4}$$

式中:Q——合理的排渣风量,m^3/min;

b——岩渣最大粒度,m^3;

ρ——岩石密度,kg/m^3;

k——漏风系数,一般为1.1~1.5;

D——钻孔孔径,m;

d——钻杆外径,m。

5.2.4 钻头

风动潜孔锤钻头可大致分为取心式和全面钻进式两类,其中全面钻进式在当前应用最为广泛。就全面钻进用风动潜孔锤钻头的结构而言,可细分为整体式和分体式两种。此外,根据所使用的碎岩材料类型,钻头又可分为硬质合金型和金刚石加强型。而在切削刃形状方面,钻头更是多样,包括刃片型、柱齿型和片柱混装型等。在这些类型中,柱齿型钻头因其独特的设计和性能,特别值得关注。

1)硬质合金柱齿

风动潜孔锤钻头所采用的硬质合金牌号及其性能与液动冲击钻头颇为相似。在柱齿型号方面,常见的有K30、K40、K41等,如图5.2-5所示,这些型号在国家标准中均有详细规定。以K4012A为例,"K"代表矿产开采用途,"40"表示半球形柱齿,"12"代表直径为12mm,"A"则指示高度。在合金柱齿的强度方面,半球齿表现出最高的强度,锥球齿次之,而楔形齿则相对较低。然而,在凿岩效率上,这三种齿型的表现却恰好相反。因此,在选择钻头时,应根据岩石的性质和钻探需求来定。例如,对于极坚硬、坚硬且磨蚀性强的岩石,建议使用半球齿;对于中硬或坚硬、性脆的岩石,锥球齿更为合适;而在钻进软岩时,楔形齿则是理想之选。

硬质合金柱齿在钻进坚硬且具有磨蚀性的岩石时,由于其相对较低的耐磨性,往往会导致钻头周边的柱齿磨损严重,从而大大缩短钻头的使用寿命。为了应对这一问题,国内外的科研和生产制造者积极探索并尝试了各种解决方案,如开发新成分的硬质合金、双性能硬质合金等,虽然这些努力在一定程度上提升了钻头性能,但并未从根本上解决问题。目前,最有效的解决方案是采用金刚石加强柱齿,这种技术能够显著提高钻头的耐磨性和使用寿命,为高效钻探提供了有力保障。

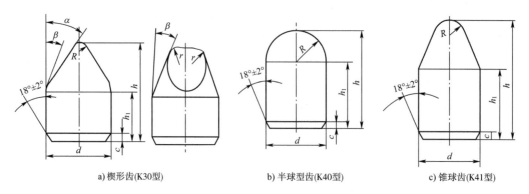

a) 楔形齿(K30型)　　　b) 半球型齿(K40型)　　　c) 锥球齿(K41型)

图 5.2-5　硬质合金柱齿外形图

2）金刚石加强柱齿

金刚石加强柱齿主要分为聚晶型和孕镶型两种。它们都是通过特定的工艺将金刚石与硬质合金柱齿头部相结合,形成一层具有极高耐磨性的金刚石层。同时,这两种柱齿都充分利用了硬质合金优良的冲击韧性。它们的差异主要体现在烧结工艺和钻头结构上。

聚晶型柱齿是在金刚石压机上,通过高温高压技术烧结而成。为了缓解金刚石聚晶层与硬质合金基体间因热膨胀系数和弹性模量不同而产生的应力,两者之间特别设计了两层过渡层。在原料配比上,这些层力求从100%金刚石平稳过渡到100%的C/Co,确保弹性梯度和热膨胀梯度能够逐步均匀变化,从而显著减小残余应力和减少剥落现象。而孕镶型柱齿则在中频炉上,通过热压法烧结而成。其金刚石层中的金刚石含量约为75%,特殊的配方和烧结工艺确保了金刚石层与硬质合金基体之间的牢固连接。

这两种金刚石加强柱齿都能显著提高钻头的寿命,加快钻速,并降低整体的钻进成本,为钻探工作带来显著的经济效益。

3）潜孔锤柱齿钻头

这是一种采用冷压工艺,在钻头体钻孔中嵌入多个柱齿的钻头设计,如图 5.2-6 所示。钻头体选用20Ni4M0、34CrNiMo等优质钢材制成,确保了其坚固耐用。与常见的刃片型钻头相比,此类柱齿钻头在钻孔过程中具有自我修磨的特点,使得钻进速度更加稳定持久。

图 5.2-6　潜孔锤柱齿钻头

当柱齿损坏程度达到20%时,钻头仍能继续工作,展现了出色的耐用性。而传统的刃片型钻头一旦崩角,就无法继续使用。此外,这种嵌装柱齿的工艺相对简单,通常只需采用冷压法即可完成,大大提高了生产效率和便捷性。

柱齿钻头依据其头部外形可细分为平头型、圆弧型、中间凹陷型以及中间凸出型等多种类型。与刃片型超前刃钻头相比较,圆弧型和中间凸出型钻头凭借其独特的设计,展现出更高的钻孔速度,显著提升了钻探效率。而中间凹陷型钻头在钻孔过程中,能够形成凸出的岩核,从而起到稳定钻孔方向的作用,使得它能够钻出更为笔直的炮孔,满足特定工程需求。

4)钻头选择

具体选用钻头时,应结合岩石可钻性、岩层破碎程度等进行分析、选用。

坚硬岩石:可钻性较差、比功较大时,每个柱齿和钻头体都承受较大的载荷,宜选用钻头与柱齿强度均较高,排粉槽尺寸不宜太多,宜选用球齿,球齿外露高度不宜过大。

软岩:凿岩速度快,排渣量大,宜选用排渣能力强的三翼、四翼钻头,合金齿可选用弹齿、楔齿,齿高外露可高些。

节理发育破碎带:宜选用导向性好的中间凹陷、中间凸出型钻头,以减少偏斜。

黏土层中:中间排渣常被堵死,宜选用侧排渣钻头。

5.2.5 冲击器

锚索施工时,需要保证孔壁具有一定的粗糙度,同时不可因施工工艺对边坡稳定性造成影响,因此一般采用气动冲击器(潜孔锤)施工。气动冲击器也称风动潜孔锤,是用压缩空气作为驱动介质。其冲击器紧连钻头(若取心也可连接一根岩心管),由于单次冲击功大,上返岩屑风速高,钻进效率可比液动冲击器高2~3倍。近年来又出现了一些新的进展,如:用于反循环连续取心的贯通式气动冲击器,用潜孔锤偏心扩孔钻头进行跟管钻进,将3~8个单体潜孔锤组成集束式潜孔锤用于大口径钻进,利用潜孔锤解卡、起拔套管和用于泡沫钻进等。其钻孔直径:单体锤为90~762mm,集束式为610~1524mm;钻孔深度从最浅的埋线杆孔2.3m,到最深的油气井1000m以上。

1)有阀潜孔锤

有阀潜孔锤由配气机构的阀片控制气体推动活塞上、下运动。有阀潜孔锤按排气方式又分为旁侧排气和中心排气两种,目前使用较多的为中心排气式。即缸内废气是从钻头中心孔排出。虽然这种潜孔锤结构比较复杂,加工要求较高,但排除岩粉的效果较好,故可降低钻头的磨耗和提高钻进效率。

2)无阀潜孔锤

该类潜孔锤控制活塞往复运动的配气系统布置在活塞或气缸壁上,当活塞运动时,自动进行配气。其特点是:利用压气的膨胀功,推动活塞继续运动,从而减少了动力气的消耗;取消了复杂的配气机构,代之以简单的配气气路,气道路程短,气压损失小,如图5.2-7所示。该类潜孔锤主要有国产W系列和国外DHD系列。

通过对比发现,无阀潜孔锤具有以下优点:活塞在往复运动过程中,前、后气室各经历了一个膨胀做功行程过程,这有助于大幅减少压缩空气的消耗量,提高能量利用率。与有阀潜孔锤相比,其耗气量可节省近30%。无阀潜孔锤没有专门设计的"阀"来控制和切换压缩空气,而是通过活塞上不同直径的圆柱面与缸体配合面的配合关系来实现上下腔体的开闭。这消除了潜孔锤内部的易损件,从而减少了磨损和损坏,延长了工作寿命。无阀潜孔锤对气压的适应性强,工作稳定性好,能在较宽的气压范围内灵活工作。

图 5.2-7 无阀潜孔锤构造

3）潜孔锤选择

首先,在工作气压上应与其冲击器适应,在合理气压范围内,气压越高,凿岩速度越快。其次,在冲击能量上必须确保钻头的单位比能,这样才能有效地破碎岩石,同时获得较经济的凿碎比能和较高的凿孔速度。不同的岩石需要不同的凿碎比功(破碎单位体积岩石所消耗的能量),因而需要选用不同冲击功的冲击器,岩石硬度与凿岩比功值对应关系见表5.2-3。

岩石硬度与凿岩比功值对应关系 表5.2-3

岩石硬度(f)	硬度级别	软硬描述	凿岩比功值
<3	Ⅰ	极软	<20×9.8
3~6	Ⅱ	软	(20~30)×9.8
6~8	Ⅲ	中等	(30~40)×9.8
8~10	Ⅳ	中硬	(40~50)×9.8
10~15	Ⅴ	硬	(50~60)×9.8
15~20	Ⅵ	很硬	(60~70)×9.8
>20	Ⅶ	极硬	>70×9.8

在冲击频率方面,当冲击能量一定时,冲击频率越高,冲击功率越大,但冲击器外径受钻孔直径的约束,冲击频率越高,冲击功越小。根据岩石坚固性选择相应冲击器。软岩使用高频低能型冲击器,硬岩使用低频高能型冲击器。

5.2.6 空气压缩机

在岩石锚固钻孔施工过程中,进行风动潜孔锤空气钻进所需的空气压缩机能力(风量、风压)要能满足最低清孔、排渣的需要,即要求上返风速大于或等于10m/s。在施工现场,由于受输气管线距离长短、管线接头连接尺寸以及钻进中地层裂隙的漏失等因素影响,在理论计算值的基础上应留有余地。当已有空气压缩机的能力不能满足时,则应从钻具配套方面(如钻杆加粗、漏失地层配套跟管钻具等)加以克服。有条件的单位应尽量购量能力较大的空气压缩机。实践证明,空气钻进效率与空气压缩机的风量、风压成正比。

5.2.7 辅助工具

1)管钳

在施工现场,为满足钻杆拆卸和套管拆卸的需求,通常会准备两种钳子,一种是半U形的,一种是图5.2-8所示的自由钳。其中,半U形钳子主要用来卡在钻杆的连接处,用以拆卸或拧紧钻杆。自由钳具有耐磨、不易脱落的特点,使用时不伤管壁,可延长钻探工具的使用寿命。常用的规格有ϕ57/73mm、ϕ73/89mm、ϕ89/108mm、ϕ108/127mm、ϕ127/146mm、ϕ146/168mm等。

2)夹板

夹板常用于在孔口夹持套管或悬挂粗径钻具。如起落套管时卡住套管,以免套管落入孔内。夹板外形如图5.2-9所示。

夹板的常用规格有ϕ65mm、ϕ73mm、ϕ89mm、ϕ108mm、ϕ127mm、ϕ146mm、ϕ168mm等。

图5.2-8 自由钳外形图

图5.2-9 夹板外形图

3)打捞丝锥

打捞丝锥,是一种专门用于打捞落入孔内的套管和钻杆的工具。根据使用功能,分为公锥和母锥两类。打捞螺纹有锯齿形和三角形两种设计,以满足不同打捞需求。

打捞丝锥采用优质合金钢制造,经过特殊的热处理工艺,使得其具有高强度、高韧性等卓越特性,同时也保证了造扣的便利性。公锥是常用的打捞工具,特别适用于打捞管柱内孔部位的油管、钻杆、套铣管、封隔管、配水器等有孔落物。而母锥则专门用于从钻杆、套管等管状落物的外壁进行造扣打捞,尤其适用于无内孔或内孔堵死的圆柱形落物。

公锥根据接头螺纹与打捞螺纹的规格,进一步分为右旋螺纹(正扣公锥)和左旋螺纹(反扣公锥),部分公锥还设有排屑槽,以优化打捞效果。公锥可以与正、反扣钻杆及其他工具配合使用,实现多样化的打捞工艺,其螺纹规格与公锥保持一致。

打捞丝锥的整体设计既考虑了实用性,也注重了操作的便捷性,使得在打捞作业中能够发挥最大的效能。打捞丝锥外形如图5.2-10所示,体现了精细的工艺和高效的性能。常用打捞丝锥见表5.2-4。

图5.2-10 打捞丝锥外形图

常用打捞丝锥　　　　　　　　　　　　　　表5.2-4

类型	规格	小径-大径×螺纹长度(mm)	打捞钻杆(mm)	打捞锁接头(mm)
公锥	φ12-27/43	φ12-27×150		
	φ24-44/43	φ24-44×200		
	φ42-57/57	φ20-36×160	φ42	φ57
	φ42-83/65	φ20-54×343	φ42~63.5	φ65
	φ50-65/65	φ26-44×180	φ60	φ75
	φ60-75/75	φ35-65×160		
	φ73-95/95	φ36-65×240		
	φ89-121/121	φ55-85×240		
母锥	φ35-45/45	φ30-45×200		
	φ42-57/73	φ37-59×220	φ42	φ57
	φ42-65/73	φ36.5-71.5×15	φ42~63.5	φ57、φ65
	φ50-65/73	φ44-67×30	φ50	φ65
	φ50-75/89	φ44-85×50	φ50~68	φ65、φ75
	φ50-83/89	φ44-89×10	φ50~63.5	φ57~83
	φ60-75/89	φ56-77×10	φ60	φ75
	φ73/95	带导向	φ73	
	φ89/121		φ89	φ121
	φ121/121		φ121	

5.3　钻孔工艺

从几方面看,在松软破碎的岩体中一般使用旋转钻和带套管的钻机,在这类岩体中的钻孔有时需要多次钻孔注浆循环才能成孔。目前,国内已研制了同心和偏心钻孔机具,可以实现使用潜孔冲击类钻机的跟管钻进,大大方便了锚索的施工。在黏性土层中,使用各类麻花钻机比较合适。一般来说,在砂卵石地层中的成孔比较困难,目前常使用冲击式锚杆安装机将锚杆(通常使用布有一定密度透浆孔的钢管)直接打入地层,然后进行压力注浆。

5.3.1 单动力头套管跟管钻进

风动潜孔锤单动力头套管跟管钻进是克服松散、破碎、卵石等复杂地层的有效方法之一。风动潜孔锤单动力头套管跟管钻进原理示意图如图5.3-1所示。

根据钻具结构,可分为偏心式和同心式。

1)偏心式

偏心式跟管钻具由风动潜孔锤、偏心钻头、套管和套管靴组成。钻进时,偏心锤头在套管靴前偏出,通过与花键导向体内置嵌卡机构带动回转切削岩石,同时锤头体利用冲击器的冲击能力,冲击破碎岩石,钻出比套管靴外径大的钻孔,潜孔锤同时锤击套管靴,使连接套管随钻孔加深同步进行,达到保护已

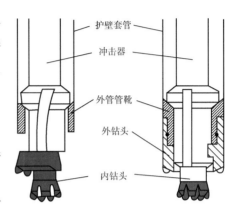

图5.3-1 风动潜孔锤单动力头套管跟管钻进原理示意图

钻出的钻孔孔壁的目的,当跟管到所需深度后或钻孔施工完毕后,偏心钻具收缩从套管内孔中提出孔外。

在松散、破碎地层施工结束后,偏心钻头可以通过反转操作回缩至套管内,随后从套管内孔中取出内钻具。接下来,会使用一个直径稍小的冲击钻头在锚固段继续钻进。待锚索安装完毕,即可将套管从钻孔中轻松拔出。由于偏心式跟管钻具具有结构简单、制造成本低、套管靴通径大等诸多优点,它在各类工程施工中得到了广泛的应用。

2)同心式

同心式跟管钻具的组成与偏心式跟管钻具大致相似,但两者在结构上有显著的不同。同心式跟管钻具的特点在于其套管靴与套管钻头之间存在相对的回转运动。因此,在相同规格下,同心式的套管及管靴尺寸要比偏心式小8~10mm。然而,这种设计也导致了套管靴和套管钻头的加工成本相对较高。尽管如此,同心式跟管钻具也有其独特的优势,比如中心钻头的使用寿命较长、钻具回收的成功概率较大、操作起来相对容易。这些优点使得同心式跟管钻具在特定的施工场景中同样具有广泛的应用价值。

5.3.2 双动力头套管跟管钻进

与风动潜孔锤单动力头套管跟管钻进工艺相比,双动力头套管跟管钻进工艺在操作中有着显著的区别。在进行双动力头套管跟管钻进时,首要条件是配备双动力头钻机。而在钻进过程中,套管并非简单地与中心钻具同步旋转,而是通常以与中心钻具相反的方向进行回转。这种反向回转的设计,有助于更好地控制钻孔的精度和稳定性,从而确保施工质量和效率。风动潜孔锤双动力头套管跟管钻进原理示意图如图5.3-2所示。

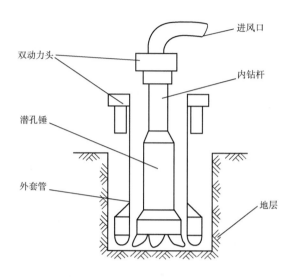

图 5.3-2 风动潜孔锤双动力头套管跟管钻进原理示意图

这种工艺方法之所以备受青睐，是因为在钻进过程中，套管能够同时进行回转和给进动作。这一特性使得钻孔深度能够达到较深的层次，同时扩大了对地层的适应范围。无论是黏土、淤泥质、砂层或流沙地层，还是松散、破碎、堆石体等复杂岩石地层，该工艺方法都能有效应对，展现出其强大的适应性和实用性。因此，它在各种工程施工中得到了广泛应用，为钻探工作提供了有力的技术支持。

偏心跟管钻具由风动潜孔锤、偏心钻头、套管和套管靴组成。钻进时偏心锤头在套管靴前偏出，通过与花键导向体内置嵌卡机构带动回转切削岩石，同时锤头体利用冲击器的冲击能力，冲击破碎岩石，钻出比套管靴外径大的钻孔，潜孔锤同时锤击套管靴，使连接套管随钻孔加深同步进行，达到保护已钻出的钻孔孔壁的目的，当跟管到所需深度后或钻孔施工完毕后，偏心钻具收缩从套管内孔中提出孔外。

5.3.3 跟管钻具

当采用跟管钻进工艺时，需配备相应的跟管钻具，换对应的跟管钻进钻头才能实现跟管钻进。以单动力头套管跟管钻进为例，可分为偏心钻头和同心钻头，以及管靴、钢套管。

1）偏心钻具

偏心钻具由稳杆器、中心钻头、扩孔套及锁定零件构成，如图5.3-3所示。

(1)开始工作时，扩孔套打开，成孔范围扩大，带动管靴和根管向下跟进。
(2)当覆盖层中根管钻进结束时，小心地翻转，扩孔套收回来，偏心钻具可以从孔底提出。
(3)可将根管留在孔中，也可以一边拔管一边注浆从而保证孔不坍塌。
(4)在基岩中使用常规钻具进行钻进直至达到所需的深度。

2）同心钻具

(1)开始工作时，中心钻头带动扩孔套向下钻进，同时也带动跟管和管靴向下跟进，如图5.3-4所示。

(2)到达基岩时,反转钻头,将中心钻头从孔中提出,扩孔套留在孔底。

(3)直接注浆或者进行下一步施工。

a)总成

b)稳杆器　　c)中心钻头　　d)扩孔套　　e)管靴　　f)锁定系统

图5.3-3　偏心钻具

a)中心钻头　　b)扩孔套　　c)总成

图5.3-4　同心钻具

3)管靴

偏心式跟管钻具因其管靴通过直径大、结构简单、成本低等优点而在锚固工程中被广泛采用。一般根据锚索结构设计要求来选择相应的跟管钻具。在实际应用过程中,往往也有不少状况是由于管靴破坏导致的。管靴作为连接套管与钻头的核心构件,应采用高质量的钢材制作,各对应尺寸见表5.3-1。

套管管靴尺寸(单位:mm)　　表5.3-1

套管规格		89	108	127	146	168	178	194
钻孔直径		70	80	80	100	100	130	130
套管靴通径	偏心式	92	111	132	152	178	186	205
	同心式	69	86	102	120	138	148	162

5.4　钻机使用注意事项

1)开机前的准备

为了不断提高潜孔钻机的生产能力,实现快速钻进,保证钻机正常运转,钻机在开机前必须认真做好以下准备工作。

(1)钻具检查。开机前必须认真检查钻杆接头是否脱出或开裂,螺纹是否滑扣,工作部分是否完好,冲击器外壳有无裂纹、开焊,钻头上的合金片(柱)是否有脱焊、掉片、掉粒等现象。发现问题,应及时处理。

(2)机电装置检查。

①滑架。要仔细检查滑架的焊接结构有无开裂,支撑杆有无损坏,插销及钢丝绳有无脱出或损坏现象。上、下送杆器有无损坏,螺栓是否松脱,拉紧装置是否已拉紧。

②凿岩工作部分。回转机构的螺钉是否有松脱,润滑是否周到,齿轮是否有损坏,前接头的螺栓及轴承压盖和中空主轴的连接是否有松脱现象,除尘部分是否被堵塞,电动卷扬的电磁抱闸是否有效。

③行走部分。行走部分的传送带、链条和履带松紧程度是否适当,离合器是否灵活,钻架起落机构的移动齿轮是否已脱开。

④电气部分。开始工作前应对各电气元件进行检查,有故障要及时排除,操作手柄均应扳到停止位置。电气中的短路、过载保护均由空气开关和熔断器来实现。如果发生故障,应立即停机检查、处理。电气系统中所有接地部分均应可靠地接地。

(3)压气系统。认真检查各气管的连接是否正确,有无漏气情况,各操纵器扳到"闭"或零位。按润滑系统的具体要求,对各运动部件进行润滑。接好气管、水管、电源等,准备开车。KQ-200、KQ-250等中重型潜孔钻机开机前还需要启动螺杆空气压缩机,待气压正常后才能准备开机。

2)钻进中注意事项

(1)钻机在正常钻进过程中应注意观察其响声、振动及各部运转情况,当发现有异常响声和振动、电流超过额定值时,应及时检查处理,保证钻机处于正常工作状态。

(2)当发现钻进速度明显改变,而排粉效果不好时,要及时提钻检查钻头和炮孔情况。例如:钻机在穿钻破碎带岩石时,孔内经常发生掉石块的现象,尤其是遇到节理、层理较发育的岩层,掉石块的现象更严重。这样将影响排粉效果、降低凿岩速度,同时也容易造成夹钻。所以,如发现掉石块时,应立即停车提出钻具,向孔中倒进黄泥或加了水的细岩粉作为黏结物,黏结物在压气和钻杆的作用下粘到破碎孔壁上,使破碎带的孔壁完整,保持正常钻孔,然后继续凿岩。

(3)潜孔钻机在钻进过程中,要特别注意防止夹钻现象的发生,因为夹钻后不但影响凿孔进度,而且若处理不当,还会对钻机有关部件都有一定的影响,甚至损坏有关部件。造成夹钻的原因很多,常有掉石块、岩渣"抱"住钻具,掉碎合金片定(柱)、断钻头翼、炮孔歪斜及新换的钻头尺寸较大等。处理夹钻时,不能随便停气,不要死拔钻具,要缓慢上下窜动,正反转交替活动,此时的回转电动机常是过负荷运转,因此,处理时不能过急,否则容易引起回转电动机发热或烧坏。

(4)在钻进过程中还应注意气压的变化。如气压突然降低,要先把钻具提起一点,将操纵阀关闭后进行检查,若气压仍不上升,说明不是钻具和孔眼的问题,而是供气系统的问题。若关闭操纵阀后,气压上升,此时应把钻具提出孔外,检查钻杆,冲击器有无裂纹或漏气现象;如果在凿岩中气压突然增大,是冲击器阀柜堵塞的缘故,应卸下清理。

(5)在钻凿渗水孔时,由于停电或因故障不能把钻具提出来造成岩浆倒灌冲击器,此时,可在钻具中加些水,而后用压气冲洗,直到能把钻具提出来后再停气,拆开冲击器进行清洗。

3)停机

当钻凿完一个孔,准备将钻机移到下一个孔位时,必须先停机,停机操作如下。

首先将主令开关扳到手动位置,提升钻具,钻具提升时要上下窜动以利排渣,直到最后提出孔外。此时,冲击器停气,停止钻具回转,再停通风机。如配合不好,易出现下列两种情况:

(1)关闭压气太早,提升动作慢,岩渣降落抱住钻具,容易发生夹钻。

(2)提升太早,关闭压气动作慢,容易出现空打钻头现象。

5.5 锚索孔成孔注意事项

5.5.1 总体要求

(1)施工前,应进一步对地层厚度与质量进行确认,若此地段并不适合做锚固段,应进行固结灌浆改良、改变锚索位置或增加锚索长度。

(2)根据地层性质、设计要求,选择合适的钻孔机具和钻孔工艺。

(3)孔位应满足设计图纸要求,误差控制在规定范围内(孔位误差不得超过50mm),当有地形条件限制而无法施工时,应会同设计重新拟定孔位。

(4)钻孔应保证钻进、锚索安装和注浆过程的稳定,钻孔完成后应及时进行锚索安装和注浆。

(5)钻孔时,应采用高压空气对孔壁进行彻底清洗,以确保浆液与孔壁的黏结强度。

(6)当孔口有地下水溢出时,应采用固结注浆对裂隙封堵,以避免锚固段注浆体流失或强度降低。

(7)完成下倾锚索孔施工后,应及时对孔口进行封堵,不得使碎屑、杂物进入孔口。

(8)钻进时,应做好钻渣、钻速、地下水变化的记录,以辅助判断地层岩性变化。

5.5.2 钻孔施工注意事项

(1)钻孔时,钻具的斜度与定位器定出的斜度一致,在钻孔过程中要采用罗盘或便携式坡度仪等角度测量仪器校正钻孔倾角及方向,每5m校核一次,钻孔完毕后用高压风清孔。

(2)采用风动干钻钻进,严禁采用冲水钻进。

(3)开孔时,在设计孔位上,人工或用风钻凿出与孔径相匹配的10cm左右深的槽(孔),以利于钻具定位及导向;再次复核钻机钻具的轴线倾角与方位角。

(4)钻进时孔斜度偏差不超过±2°,水平方向的距离误差不得超过±2cm,高程误差不得超过±10cm。

(5)可跟根据岩土性质动态调整钻具,土质可采用螺旋回转钻具,岩质可采用潜孔冲击钻具。松散、含水、易塌孔岩层中,应采用跟管钻进。

(6)遇到地下水赋存区域、地层变化等,应做好施工记录。

(7)钻孔应超钻50cm作为孔底沉渣段。

(8)钻进达到设计深度后不可立即停钻,需稳钻1~2min,以防止孔底塌孔变形。

(9)钻孔结束后,从孔底向外继续清孔至少10min,将孔内岩粉、积水全部清出,以确保后期浆液与孔壁之间的黏结强度。

(10)有条件的,使用孔内电视成像,观察孔内破碎、裂隙情况,便于采取针对性措施进行处理。

5.6 锚固长度判识技术

预应力锚索系统通过给深埋土体中的锚索施加预应力,使其作用范围内的岩土体产生应力压缩区,有效控制岩土体变形,保证边坡的安全与稳定。锚固段岩体质量是影响锚固效果的首要因素,《建筑基坑支护技术规程》(JGJ 120—2012)要求,锚索的锚固段宜设置在完整度较高、岩体强度较大的地层内,对于岩质边坡,一般要求锚固段为完整岩体。此外,锚固效果还取决于锚固长度,不同的锚固长度能够为锚索提供不同的锚固力。因此,以设计锚固长度为基准,在钻孔过程中实时判别钻孔进入完整岩体的深度,可实时获取锚固长度,及时下达终孔指令,可有效避免钻孔浪费,节约钻孔成本。

5.6.1 随钻测量技术

随钻测量技术(Measurement While Drilling,MWD)是一种更快速、更廉价地获取地质信息的勘探技术。MWD是定向钻进中一种先进的技术手段,在钻进的同时可以连续不断地检测有关钻孔或钻头的信息。

随钻测量始于20世纪30年代,最开始应用在石油勘探领域,用于获取钻井的方位倾角数据、地质特性以及钻进参数等,优化钻井作业,提高油层的钻遇率;后被引入采矿开挖领域,用于探明断层、陷落柱、老窑巷道和采空区等地质异常区域,指导采矿生产安全进行。

尽管随钻测量的概念提出已久,但在边坡工程中的应用依旧有限,目前随着地下工程建设规模的不断扩大,随钻测量在岩石强度、岩体结构面、岩体质量等级的识别以及复杂地质条件的预报等领域有了广泛用途,同时工程实践也对随钻测量技术提出了更高要求。随钻测量最大的优点是能够更快速、更廉价地获取地质信息,在对随钻测量参数加以准确解译后甚至能获得比传统方法更精确的地质参数。

5.6.2 简易随钻测量装置

通过锂电池给数据传输模块(DTU)与位移传感器供电,位移传感器采集钻进参数,DTU将钻进参数传输至手机或计算机终端,构成简易的随钻测量装置,如图5.6-1所示。

1)锂电池

选择60A·h锂电池,为DTU与传感器持续供电15d以上,2块锂电池交替使用,确保钻进参数的持续采集。

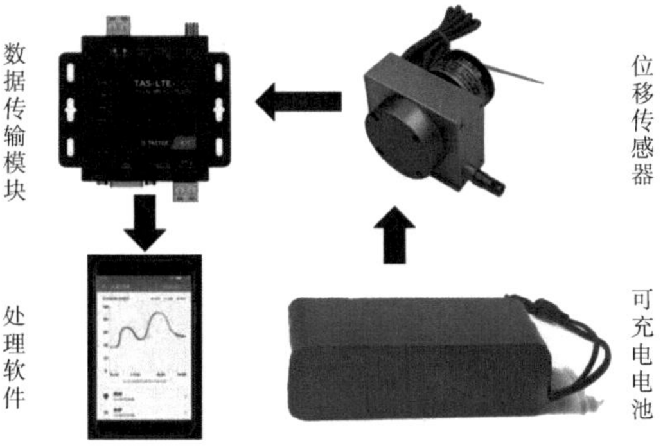

图5.6-1 随钻测量构成元件及工作原理

2)位移传感器

根据现场施工环境,选择拉绳位移传感器作为数据采集单元,将拉绳的一端固定在潜孔钻机动力头尾部,可实现动力头的位移时程参数。拉绳长度为4~6m,一旦动力头位移发生变动即可自动采集,参数精度高。

3)DTU

采用有人牌DTU传输数据,DTU内置电信卡,无须接线,远程传输位移时程曲线至有人云端,采用计算机或手机查看和下载。

5.6.3 钻进曲线的划分

1)随钻测量参数采集

将随钻测量装置焊接至潜孔钻机尾部,将拉绳的一端固定在潜孔钻机动力头尾部,动力头位置和时间的变化可以反映正常钻进、接钻杆、拆钻杆、停机等钻进工序。图5.6-2所示为随钻测量装置现场安装。图5.6-3为随钻测量时程曲线。

图5.6-2 随钻测量装置现场安装

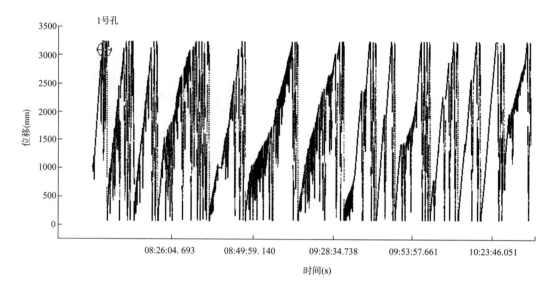

图5.6-3 随钻测量时程曲线

2）钻进深度的获取

根据累计钻进时间与位移，将每根钻杆的纯钻进工序连接起来，得到净钻时间-钻进深度曲线，曲线中钻进深度随钻进时间不断增加，反映了岩体的有效破碎过程，如图5.6-4所示。

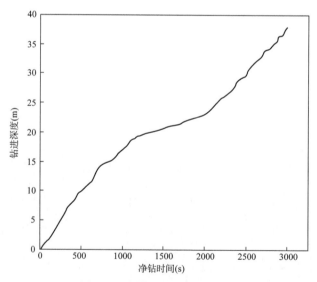

图5.6-4 净钻时间-钻进深度曲线

3）钻进曲线的划分

工程上常用净钻时间-钻进深度评价岩体强度，曲线斜率越大、钻进速率越快，对应深度段的岩体强度越低。采用C语言，结合Matlab软件，对曲线进行分段，计算分段曲线的斜率，进而对岩体进行分级，如图5.6-5所示。

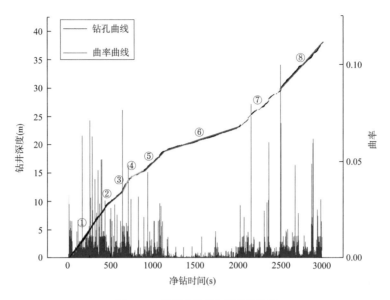

图 5.6-5　利用曲率对曲线进行分级

5.6.4　孔内摄像的验证

利用全景式数字摄像技术呈现孔壁连续、完整的图像,从而分析岩体地质状况,如围岩岩层面、节理裂隙、溶蚀发育状况,划分质量等级。

1)试验设备

钻孔成像设备包括计算机、控制器、绞车、传输电缆、探头等硬件以及图像处理软件,如图 5.6-6 所示。孔壁图像信息由传输电缆传输到计算机中,图像处理软件能自动识别、展开和拼接图像,通过显示器显示孔壁展开图像和柱状图,并记录在计算机硬盘中。

图 5.6-6　孔内摄像设备组成

2)试验步骤

本次试验在 2 号坡马道上进行,在锚索钻进完成了钻孔之后,对钻孔进行快速清洗,防止孔壁坍塌。然后第一时间开展孔内摄像试验(图 5.6-7),试验步骤如下:

(1)探头安装,探头进入钻孔;
(2)深度编码器置零,准备摄像机;
(3)点亮光源照亮孔壁,探头内部的摄像头实时拍摄一小段孔壁;
(4)探头内罗盘指示方位,柱面图像和方位图像一并由镜头连续记录;
(5)摄像头摄取的图像数据流由电缆传输至位于地面的视频分配器中;
(6)继续深入探头,记录所有孔壁资料,直至测试结束。

图 5.6-7 孔内摄像试验

3)孔壁完整性的判别

采用完整性指数密度函数 DIDF 对围岩破碎特性进行定义,用完整性评价方法 RMDI 计算围岩完整性指数。

完整性指数密度函数 DIDF 如下:

$$f(z) = \begin{cases} 0 & \text{破碎型特征} \\ \alpha \times 1 & \text{非破碎型特征} \end{cases} \tag{5.6-1}$$

式中:α——破碎系数。

完整性评价方法 RMDI 如下:

$$\text{RMDI} = \frac{\int_{h_1}^{h_2} f(z) \mathrm{d}z}{\int_{h_1}^{h_2} 1 \mathrm{d}z} \tag{5.6-2}$$

式中:h_1——钻孔起始深度;

h_2——钻孔终止深度。

采用式(5.6-1)、式(5.6-2)计算,整孔完整性指数为 81.86%,孔壁完整段分布情况见表 5.6-1,孔壁形态与完整性指数见图 5.6-8,钻孔摄像照片见图 5.6-9。

钻孔RMDI指数分布 表5.6-1

编号	长度(m)	RMDI
1	0.0~2.0	55.0%
2	2.0~4.0	80.0%
3	4.0~6.0	85.0%
4	6.0~8.0	90.0%
5	8.0~10.0	75.0%
6	10.0~12.0	90.0%
7	12.0~14.0	70.0%
8	14.0~16.04	85.0%
9	16.0~18.0	85.0%
10	18.0~20.04	90.0%
11	20.0~21.54	86.7%

5.6.5 锚索锚固长度的判别

1)完整性与钻进速率的关系

根据孔内摄像结果,将岩体划分为破碎岩体、较破碎岩体与完整岩体三大类。根据这三类岩体在钻孔长度的分布及钻进速率的分布,可获取三类岩体的钻进速率区间,建立钻进速率与岩体完整性的关系。

2)锚索锚固长度的判别

开展大量锚索钻孔随钻测量,随后进行孔内摄像试验,获取钻进速率与岩体完整性,不断修正三类岩体钻进速率区间,直到准确率达95%以上,确定最终钻进速率与岩体完整性的关系。

对于新的锚索钻孔,便可根据钻进速率的分段曲线斜率(钻进速率)实时判断钻遇岩体的完整性,一旦钻入完整岩体的长度达到设计长度,便满足锚索锚固长度的要求,即可下达终孔指令,结束钻孔。

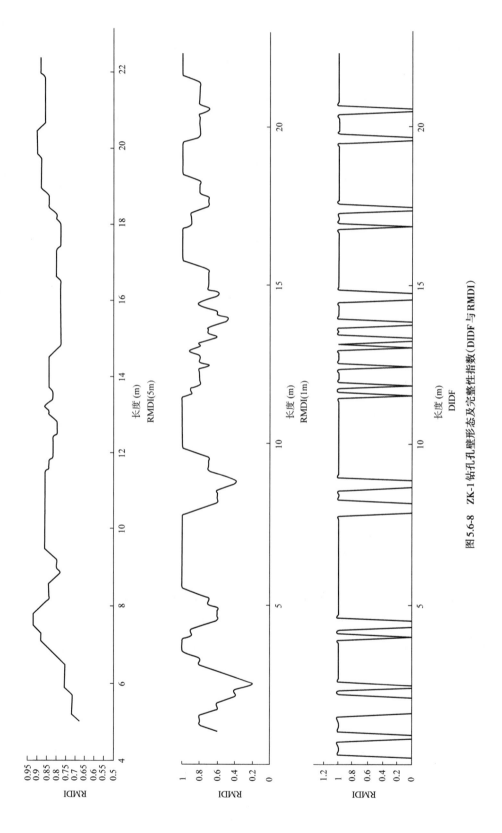

图 5.6-8 ZK-1 钻孔孔壁形态及完整性指数（DIDF 与 RMDI）

图5.6-9 部分孔内摄像照片的展开图与三维图(0~4m)

第 6 章

锚索制作与安装

第6章 锚索制作与安装

锚索的制作和安装是保证锚索质量的主要环节之一。其中包括锚索的编束制作、储存、运输以及安装等,均有较高的控制要求。制作安装过程中尤其要避免锚索受到潮气影响而生锈,因此需要做好锚索的除锈、防锈措施,严格执行制作安装过程中的标准动作要求。

6.1 锚索制作

锚索制作应由熟练的工人在有经验的工程师的指导下进行。锚索制作一般按下列程序进行:

(1)锚索制作场地选择。锚索制作应在专用车间或专用工作台上进行,高陡边坡锚索可在现场因地制宜编制,但应有防雨、防污染及防止锚索损伤的措施。

(2)钢绞线下料。下料长度为孔道设计长度、测力计厚度(若有)、锚垫板厚度、工作锚板厚度、限位板厚度、张拉千斤顶高度、工具锚板厚度和工具锚板外必要的张拉操作余量之和,正常情况下操作余量取50mm。下料时,宜将钢绞线盘卷置于放线架内,宜从盘卷中央逐步抽出钢绞线。钢绞线宜采用人工抬运,不得在地上拖拽。钢线宜使用机械切割,不得使用电弧或乙炔焰切割。

(3)钢绞线处理。按设计要求对钢绞线进行防腐等处理(若有),也可直接使用工厂生产的带环氧树脂防腐涂层的钢绞线。将处理好的钢绞线顺直线平顺地放在作业台架上,量出内锚固段和锚索设计长度,分别作出标记。若使用工厂生产的不带套管的钢绞线,应对张拉段范围内的钢绞线套上塑料管并注入油脂。若使用工厂生产的带套管的钢绞线,应将锚固段和锚头长度范围内的套管剥去,并用清洗剂将套管内附着在钢绞线上的油脂清洗干净。

(4)锚索体锚固段的制作应符合下列要求:

① 有黏结拉力型预应力锚索制作。

a.有黏结钢绞线表面应清洗干净。

b.在锚固段与自由段结合部位或锚索的指定位置安装止浆器,并与锚索密封固定。

c.锚索安装在俯孔或水平孔的,锚固段灌浆管出口应安设至导向帽。锚固段的注浆管出口至锚索底部距离应小于200mm;锚固段排气管应穿过止浆器进入锚固段内;张拉段灌浆管应靠近止浆器。安装在仰孔时,应调换灌浆管、排气管的功用。

有黏结拉力型锚索结构示意图如图6.1-1所示。

②无黏结拉力型预应力锚索制作。

a.采用无黏结钢绞线时,锚固段的无黏结钢绞线护套剥除长度应与设计锚固段长度一致,裸线表面应清洗干净;剥除护套后的端部应密封,防止防腐介质外溢。

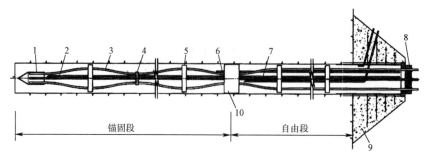

图 6.1-1 有黏结拉力型锚索结构示意图

1-导向帽；2-锚固段注浆管；3-钢绞线；4-绑扎丝；5-隔离架；6-锚固段排气管；7-自由段注浆管；8-锚具；9-锚墩；10-止浆装置

b.锚索灌浆采用全孔一次灌浆工艺时,根据锚杆孔深度,可安设1~2根灌浆管,至少一根灌浆管应安设至导向帽。

无黏结拉力型锚索结构示意图如图6.1-2所示。

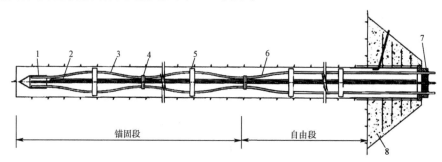

图 6.1-2 无黏结拉力型锚索结构示意图

1-导向帽；2-锚固段注浆管；3-钢绞线；4-绑扎丝；5-隔离架；6-无黏结钢绞线；7-锚具；8-锚墩

③无黏结拉力分散型预应力锚索。

a.锚固段各组无黏结钢绞线护套剥除长度应符合锚索结构设计要求。

b.钢绞线应按分组由长至短依次顺直置于相应位置。

拉力分散型锚索结构示意图如图6.1-3所示。

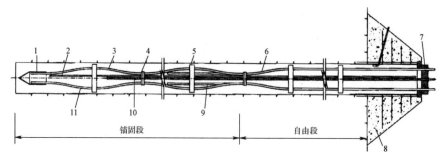

图 6.1-3 拉力分散型锚索结构示意图

1-导向帽；2-锚固段注浆管；3-钢绞线；4-绑扎丝；5-隔离架；6-无黏结钢绞线；7-锚具；8-锚墩；9-第n组钢绞线；10-第2组钢绞线；11-第1组钢绞线

④无黏结压力分散型预应力锚索。

a.无黏结钢绞线在挤压锚位置的护套剥除长度应满足挤压锚挤压成形需要。

b.应按分组由长至短依次安装各组承载体的承载板、挤压锚,承载体安装位置应符合锚索结构设计要求。

c.应调整承载板平面使其与钢绞线垂直,与挤压锚具端面紧密贴合。

d.挤压锚具的弹簧丝和锚套应按照产品使用规定缓慢旋转套在钢绞线表面,在专用挤压机上挤压成形挤压锚。制作挤压锚时弹簧丝不应折断、缺段或缺失。挤压时的操作油压和挤压后挤压锚具直径应符合产品设计要求。

e.按照锚索结构要求装配承载体、灌浆管等。

f.根据承载体分组,对各根钢绞线进行编号并标识,并应在安装锚具后与夹片锥孔编号进行对应。

压力分散型锚索结构示意图如图6.1-4所示。

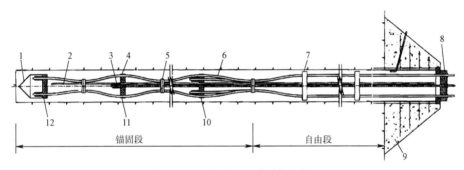

图6.1-4 压力分散型锚索结构示意图

1-导向帽;2-锚固段注浆管;3-P型锚;4-承载板;5-绑扎丝;6-无黏结钢绞线;7-隔离架;8-锚具;9-锚墩;10-第n组承载体;11-第2组承载体;12-第1组承载体

⑤锚索体张拉段的制作与集束应符合下列要求:

a.各根钢绞线应按照锚索结构设计,以锚索体的孔底端部为基准整齐、顺直排列。

b.灌浆管、排气管应按结构要求编入锚索体,并保持通畅,管路系统耐压值不应低于设计注浆压力的1.5倍。

c.钢绞线和灌浆管、排气管之间应采用隔离架分隔集束。隔离架间距在内锚固段可为0.75~1.50m,张拉段内可为1.5~2.0m,不宜大于3.0m。

d.钢绞线和灌浆管、排气管等应捆扎成一束。内锚固段两隔离架之间应绑扎牢固,张拉段两隔离架之间应绑扎,钢绞线宜与隔离架绑扎在一起。

e.安装在俯孔、水平孔的锚固段灌浆管出口以及安装在仰孔的锚固段排气管口应安设至导向帽。导向帽宜采用金属材料制作,其长度不宜小于300mm,并与锚索体绑扎固定,不应使用焊接方式与索体连接。

f.分散型预应力锚索体制作时,应对各组承载体钢绞线编号并标识,应在安装锚具后与夹片锥孔编号进行对应。

g. 安装波纹管套管。锚索采用波纹管保护的,应设置波纹管内部与外部灌浆管、波纹管内部的锚索支架、波纹管及其管端封闭用端帽、波纹管外部支架。

h. 锚索验收及编号。预应力锚索制作完毕,应经有关技术人员对照设计图纸进行测量与外观检查。检查内容包括锚索长度、锚固段长度、位置,无黏结钢绞线剥离、清洗及未剥离部位封堵情况、隔离架、排气管、注浆管、绑扎情况及导向帽是否牢固等。

i. 锚索编号。合格后应按锚孔编号挂标识牌,宜注明完成日期、孔号、吨位、长度等。不合格及无孔号牌的锚索不得运入安装作业区。

6.2 锚索存储

锚索的存储应符合下列要求:

(1)锚索应遵循随用随做的原则,制作完成后应尽早使用,避免长期存放。

(2)锚索应存放在支架或垫木上,支点距地面不应小于200mm,支点间距不宜大于2m,可为1.0~1.5m。

(3)锚索应分层、平铺存放,不得折弯。

(4)锚索存放场地应干燥、通风,存放在相对湿度超过85%的环境中时,锚索体裸露部分应用浸渍油脂的纸张或塑料布进行防潮处理。

(5)应避开硫化物、氯化物、亚硫酸盐、亚硝酸盐等有害物质,并采取防雨、防污染措施。要避免机械损坏或使焊渣、油渍溅落在锚索体上。应避开杂散电流,并应进行临时防护。

(6)如存储时间过长,要使用乳化防腐剂喷涂钢绞线表面,并定期进行外观检查。

(7)对存放时间较长的锚索,在使用前要进行严格的检查。

6.3 锚索运输

锚索的运输应符合下列要求:

(1)水平运输中锚索体的各支点间距不宜大于2.0m;压力分散型锚索水平运输及垂直运输中弯曲半径不宜小于5.0m,其他锚索运输中弯曲半径不宜小于3.0m。

(2)垂直运输时,应根据锚索体在吊运中的状态合理设置吊点,其间距不宜大于3.0m,入孔前除主吊点外,其余吊点应能快速、安全脱钩。

(3)使用车辆长距离运输时,锚索体底部、层间应设垫木,上下层垫木应在一条垂线上且不宜超过三层,周边及顶部应加以防护。

(4)无黏结预应力锚杆在搬运和装卸时,应避免PE护层与硬质物体的摩擦损伤。

6.4 锚索安装

目前,锚索一般由人工安装,对于大型锚索有时采用吊装。锚索的安装应符合下列要求:

(1)锚索安装前应核对锚索编号是否与孔号一致,确认无误后,再对钻孔重新进行检查,以高压风清孔一次,对塌孔、掉块应进行清理,然后着手安装锚索。

(2)锚索安装前应对锚索体进行详细检查,损坏的防护层、配件应进行修复。无黏结钢绞线护套应无明显机械损伤,且轻微损伤处已外包防水聚乙烯胶带修补合格。灌浆管、排气管道应畅通。

(3)推送锚索时用力要均匀一致、缓慢匀速推入锚孔,应防止在推送过程中损伤锚索配件和防护层,宜一次推送到位。

(4)推送锚索时不得扭转锚索体,不宜往复拖拽。

(5)当推送锚索困难时,应将锚索抽出,对抽出的锚索应仔细地进行检查,并对配件安放固定的有效性、防护层的损坏程度、孔的清洁度及排气管和注浆管的状况进行观察,当发现锚索体配件有移动、脱落或锚索体上黏附的粉尘和泥土较多时,应加强配件的固定措施,并对其他钻孔的清洁程度进行检查,必要时应对钻孔重新进行清洗。

(6)安装水平和上倾锚索时要注意以下四点:检查定位止浆环和限浆环的位置,若有损坏,按技术要求更换;检查排气管的位置和畅通情况;锚索送入孔内,当定位止浆环到达孔口时,停止推送,安装注浆管和单向阀门;锚索到位后,再检查一遍排气管是否畅通,若不畅通,拔出锚索,排除故障后重新送索。

(7)锚索安装完毕后,应对锚索体进行固定,并对外露部分进行临时防护。

第 7 章

注浆施工

锚索注浆施工是将适应性强且有一定流动性的注浆材料,如水泥浆液,注入预先钻好的地下锚孔里,待其凝固硬化后,与锚索形成一体化的锚固构造,使锚索与地层能有效结合,形成锚固力。浆液还可以改善土层的强度和刚度,提高地层的稳定性。注浆是锚索施工中最为关键的工序之一,其效果的好坏直接影响到锚索的锚固性能和永久性。锚索注浆的主要内容包括注浆材料的选择、注浆施工、质量检验等环节。

7.1 注浆材料

通常采用水泥浆或水泥砂浆通过注浆管注入锚索孔,其硬化后形成坚实的注浆体。水泥浆的成分、拌制和注入方法决定着注浆体与周围岩土体的黏结强度和防腐保护效果,所以在材料选择及制备时应满足相关要求。

7.1.1 浆液材料

1)水泥

注浆所采用的水泥品种,应根据注浆目的、地质条件和环境水的侵蚀作用等因素确定,可采用硅酸盐水泥、普通硅酸盐水泥、矿渣硅酸盐水泥或复合硅酸盐水泥等。当有抗侵蚀或其他要求时,应使用抗硫酸盐水泥、硫铝酸盐水泥等特种水泥。强酸性地层不应采用普通硅酸盐水泥、丙烯酰胺、水玻璃类;强碱地层不应采用脲醛树脂、铬木素;含油脂的地层不应采用水玻璃类。使用矿渣硅酸盐水泥或火山灰质硅酸盐水泥灌浆时浆液水灰比不宜大于1。

2)细集料

除可在注浆体中掺入中细砂外,还可掺入粉煤灰、细粒矿渣或细粒硅粉,但其掺入比例应遵守生产厂家的要求并经设计人员认可。

3)外加剂

为了改善注浆体在施工时和硬化后的性能,可加入适量外加剂。由于目前对不少外加剂的性能和使用效果经验不足,建议外加剂都必须经过材料试验和注浆试验后方可使用。目前,在锚索注浆体中是否掺加减水剂的问题还存在争议,因为减水剂的主要功能是减小水泥颗粒之间的摩擦力,改善和易性,但由于用水量的减少,也不同程度地降低了水泥颗粒的悬浮时间,使砂浆容易沉淀,所以使用减水剂应当谨慎。对于永久性锚索,其外加剂中不应含有害性腐蚀性元素。

4)水

注浆体中应使用纯净且对锚索无腐蚀性的水,一般情况下,凡是可饮用水均可直接用于注浆体的拌和,当使用其他非饮用水时,应进行化学分析。

7.1.2 浆液制备

制浆材料应按规定的浆液配比计量,计量误差不应大于5%。水泥等固相材料宜采用质量称量法计量。灌浆浆液应拌制合格,做到颗粒充分分散,浆体均匀。采用高速制浆机拌制,拌制时间不宜少于30s。

当采用集中制浆站拌制水泥浆液时,制浆站宜拌制最浓一级的浆液,输送到各灌浆点加水调制使用。管道输送浆液的流速宜为1.4~2.0m/s。湿磨细水泥浆液输送距离不宜超过400m。寒冷季节施工机房和灌浆管路应采取防冻措施;炎热季节施工应采取防晒和降温措施。浆液温度应保持在5~40℃之间。

7.1.3 注浆管

注浆管又被称为灌浆管,是指在施工过程中用于注入灌浆材料到锚孔内的传输管线。注浆管通常是采用一些抗腐蚀性强、耐磨损和承受压力较大的材料制作,比如聚乙烯或聚氯乙烯(图7.1-1)。这些材料能够在恶劣的工作环境下保持其性能,提供稳定可靠的工作效果,确保灌浆过程液流通畅无阻。边坡锚索常用聚乙烯(PE)管,选择时应选用全新料制作的高耐压注浆管,以防止后续注浆时爆管,具体参数见表7.1-1。

注浆管材质要求　　　　　　　　　　　　　　　表7.1-1

材质	公称压力(MPa)	壁厚(mm)	单位质量(kg)	原材料类别
HDPE	2.0	1.8	0.2	全新料

a)PVC注浆管爆管(公称压力1.0MPa)　　　b)全新料PE注浆管(公称压力2.0MPa)

图7.1-1　注浆管材质

7.1.4 压力表

注浆压力表,主要用于实时测量和显示在灌浆过程中,灌浆材料通过注浆管流动造成的压力变化。它是土木工程和地质工程中不可缺少的一部分,主要用于调节并控制灌浆量,确保灌浆材料能均匀而完全填充到预定的空间或裂缝中。

注浆压力表通常分为两种常见类型:机械式压力表和数字式压力表。机械式压力表是通过弹簧或者膜片等机械部件的形变来测量压力,并通过指针和刻度盘来显示压力值。机械式压力表具有结构简单、价格较低、易读且不需要电源等优点,但其测量精度和稳定性相对较低。数字式压力表是利用压电传感器将压力转换为电信号,并通过电路将电信号转换为数字显示,一般具有较高的测量精度,稳定性好,并且可以方便地与其他电子设备连接,但其价格相对较高。

为防止水泥浆堵塞压力表腔体,损坏压力表,在安装压力表时应增加一个底座,也称为油杯。油杯是由两块半球形空腔组成,空腔内部设置半球形橡胶膜,隔绝水泥浆液等容易堵塞压力表的液体。工作时,将油杯一端接入三通,直接感知浆液压力;另一端接入灌满水的压力表。当注浆管内部有浆液流动时,浆液挤压橡胶膜,橡胶膜挤压压力表内的水,使指针转动,显示此时浆液的压力。该结构设备简单,更换方便,可以很好地保护压力表,应大面积推广(图7.1-2)。

a)油杯

b)油杯内部结构

c)安装好的油杯及压力表

图7.1-2 压力表及油杯

7.2 注浆设备和工艺

7.2.1 注浆设备

1) 注浆泵分类

注浆泵压送浆液的形式有活塞式、柱塞式和隔膜式三种,其结构与工作特点如下:

(1)活塞式注浆泵。活塞式注浆泵在工作过程中,活塞在缸套中往复运动,其活塞芯外的耐磨橡胶层与缸套金属表面在浆液介质中相互摩擦,缸套磨损面为外表面,需镀硬化层,精度要求高,加工难度较大。

(2)柱塞式注浆泵。柱塞式注浆泵在工作过程中,柱塞在缸套中往复运动,其柱塞金属表面与缸套及嵌入缸套中部的V形橡胶密封圈在压送浆液中相互摩擦,柱塞磨损面为外表面硬化、加工较方便。

(3)隔膜式注浆泵。隔膜式注浆泵在工作过程中,柱塞不直接与浆液介质接触,隔膜将柱塞室和浆液阀室过流部分分隔在两边,工作时柱塞往复运动产生的压力变化迫使隔膜正反向鼓胀,从而使阀室吸排浆液。

2)常见注浆泵命名规则

各厂家注浆泵命名规则不统一,下面列举几个常见的注浆泵名命名规则。

(1)2TGZ-60/210型调速高压注浆泵,如图7.2-1所示。

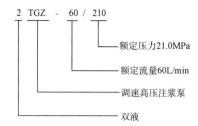

图7.2-1 2TGZ-60/210型注浆泵命名规则

(2)BW-250型三缸往复单作用活塞泵,如图7.2-2所示。

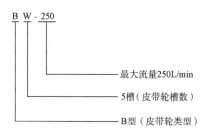

图7.2-2 BW-250型注浆泵命名规则

(3)ZBYS-3/21液压注浆泵,如图7.2-3所示。

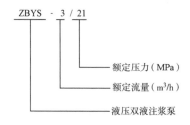

图7.2-3 ZBYS-3/21型注浆泵命名规则

3)常见注浆泵

(1)GZ-5型螺杆注浆泵,结构简单,清洗、维修便捷,如图7.2-4、表7.2-1所示。适用于各种坍落度的饱和注浆,特别是流动性较差的水泥砂浆。可根据实际施工要求,在2.5~5MPa之间调整压力。适用于公路、铁路、地铁、水电站等地下洞室的锚索注浆、回填、固结注浆等施工领域,加装喷射装置,也可用于建筑内外墙的底层及罩面层的施工。

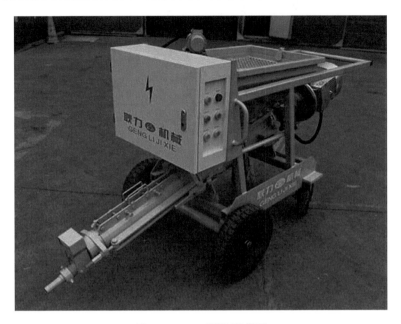

图7.2-4　GZ-5型螺杆注浆泵

GZ-5型螺杆注浆泵技术参数表　　　　　　表7.2-1

基本参数名称	单位	数值
额定压力	MPa	0~3.5
额定流量	m³/h	5
最大集料直径	mm	3
最大输送距离	m	60/30(水平/垂直)
质量	kg	400
外形尺寸(长×宽×高)	mm×mm×mm	2400×860×1190

(2) 2TGZ-60/210型调速高压注浆泵压力高,性能稳定,有四种速度,可根据需要调节注浆量和注浆压力,如图7.2-5所示。具有质量轻、体积小、经久耐用、易移动、维修和操作方便的优点。既可放在地面,也可通过脚手架固定在边坡上,进行注浆作业。它们均可输送水泥浆、黄泥浆、双液浆、水等多种介质。主要技术参数见表7.2-2。

图 7.2-5　2TGZ-60/210 型调速高压注浆泵

2TGZ-60/210 型双液注浆泵技术参数表　　　　表 7.2-2

型号	传动速度	吸浆量（L/min）	注浆压力（MPa）	电机功率（kW）	整机质量（kg）	外形尺寸（m×m×m）
2TGZ-60/210	1 速	16	21	7.5	850	1.58×0.94×1.22
	2 速	19	18			
	3 速	36	9.5			
	4 速	60	6			

（3）BW250 型注浆泵，活塞型三缸泵，如图 7.2-6 所示，最高注入流量为 250L/min，机器能够提供 2.5MPa 的压力。一般劈裂压力小于 1.5MPa，满足了大流量注浆需求。活塞泵的优点是吸浆量大，但是不能注入更稠的浆液，水固比建议大于 0.8。技术参数见表 7.2-3。

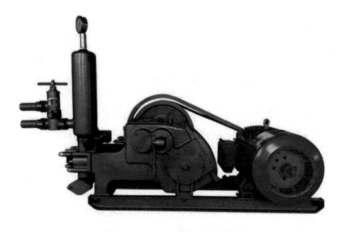

图 7.2-6　BW250 型三缸注浆泵

BW250型液压注浆泵技术参数表   表7.2-3

基本参数名称	单位	数值
额定压力	MPa	2.5、4.5、6.0、7.0
额定流量	L/min	250、145、90、52
容积效率	%	83
总效率	%	70
质量	kg	550
外形尺寸(长×宽×高)	mm×mm×mm	1000×995×650

(4)ZBYS-3/21液压注浆泵采用快速接头连接,外来的高压油,经溢流阀、换向阀、高压油管送入油缸,推动活塞,使其往复运动。回油经回油管流回到外配设备,完成一个循环,油缸通过活塞杆与注浆缸相连,故两缸活塞做同步往复运动,从而使浆液经吸、排浆管路和阀室,吸入并排出,最终使浆液注入注浆孔内,如图7.2-7所示,技术参数见表7.2-4。

图7.2-7 ZBYS-3/21液压注浆泵

ZBYS-3/21型液压注浆泵技术参数表   表7.2-4

基本参数名称	单位	数值
额定压力	MPa	21
额定流量	m³/h	3
容积效率	%	90
总效率	%	75
质量	kg	330
外形尺寸(长×宽×高)	mm×mm×mm	1460×580×840

7.2.2 注浆工艺

1)注浆施工准备

审核设计文档,在开始施工前,应详细查阅和理解设计方案,包括灌浆部位、方法、材料种类、比例等,确定施工的具体步骤和要求;按照设计要求,选择合适的灌浆材料,如水泥类型、粒度等,并检查其质量是否符合标准;根据灌浆方法和工程规模,准备相应的施工设备,如灌浆机、注浆管、压力表等,检查设备是否完好,确保其在施工过程中可以正常工作;布置注浆位置,依据设计要求,划定钻孔位置,执行钻孔作业;先进行小范围的试验注浆,通过观察灌浆效果,对灌浆过程进行微调;做好施工记录,准备好记录表格,记录灌浆过程中的各项数据,如灌浆时间、灌浆压力、使用材料量等;做好安全防护工作,准备好相应的防护用品,例如安全帽、防护服、防护手套等,以防意外事故的发生。同时还应确保注浆施工过程中的环境通风良好、照明充足。

2)注浆施工

(1)疏通注浆管。

为防止超长锚索安放时导向帽旋转、弯折或塌孔等堵塞锚索注浆管,造成后期注浆爆管等现象,注浆前应采用高压气或流动性好的带压水等对注浆管进行疏通。疏通时,高压气和水等,宜采用"先低后高"的模式,逐步打开注浆管通道,防止压力瞬时增加过高,引起注浆管爆管。

(2)注浆。

根据设计文件,将注浆泵出浆管与锚索注浆管连接,浆液经注浆管到达锚孔底部,在注浆压力作用下,浆液从锚孔底部逐步往锚孔孔口处运移,过程中将锚孔底部的水、泥浆等杂质推出,形成纯净的结石体。

(3)停止注浆标准。

当锚索孔为干孔时,随着注浆进行,浆液由孔底往孔口运移,并在孔口溢出,当溢出浆液为浓浆时,可停止本锚索孔注浆施工;当锚索孔内有地下水赋存时,孔内的水会在浆液的挤压下从孔口排出,因此,随着注浆施工的进行,锚索孔口会出现浆液混合着地下水溢出的现象,随着时间增加,溢出的液体慢慢变浓,直至达到"挂手"的浓浆状态,可停止本孔注浆。需要注意的是,如果孔内赋存地下水,但是注浆时却没有地下水返出,表明注浆管可能在地下水位面以上的部位破损,注浆时浆液从破损处溢出。此时,应立即将锚索从锚索孔中取出,并更换注浆管,然后检查锚索无破损情况,再进行后续的施工。

3)注浆施工注意事项

(1)浆液水灰比控制。

传统注浆施工,现场制备浆液时,普遍存在仅靠人工经验判断加水量,"水多了加灰,灰多了加水",缺乏快速校验水灰比手段。采用婆梅氏比重计快速测量水泥浆相对密度,进而根据浆液相对密度计算浆液水灰比。浆液拌制完成后,取适量浆液于量筒中,将比重计放入量筒,待比重计稳定后读取浆液相对密度,查表得水灰比,操作简单、数据获取周期短、水灰比调节效率高,如图7.2-8所示。如果有条件,可以在储浆桶内部安装电子比重计,实时监测浆液相对密度。

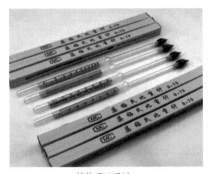 

a)婆梅氏比重计　　　　　b)浆液比重测试

图7.2-8　浆液比重测试

(2)设置回浆阀,控制浆液瞬时压力。

由于注浆泵出浆管的尺寸一般都大于预应力锚索的注浆管尺寸,并且当浆液比较浓稠时,浆液在出浆管内的流动速度远大于锚索注浆管内的流速。因此,当注浆开始时,注浆泵出浆管浆液迅速汇集在与锚索注浆管连接处附近,造成注浆管破裂。在注浆泵与连接处(出浆管和锚索注浆管)之间设置一个三通阀门,也称回浆阀,在接口处安装新的注浆管,并流向浆液储存桶中,既可以实现浆液的瞬时压力控制,又避免了浆液的浪费,可以很好地减少爆管现象,如图7.2-9所示。

图7.2-9　注浆管路设置回浆阀

4)严禁边注浆边拔管

有些书籍或文章中推荐锚索注浆时边注边向上拔管,此操作严重违背了锚索注浆锚固的原理,极易造成质量缺陷,应予以禁止。具体原因如下:

(1)注浆过程中上拔注浆管,无法准确判断注浆管出浆口与锚孔内浆液液面的位置关系,一旦上拔速度过快,注浆管出浆口脱离锚孔内浆液液面,严重的甚至会造成部分区域内无浆液,造成"断桩"现象。

(2)注浆时上拔注浆管,注浆管出浆口距离锚孔内浆液液面较近,浆液无法依靠自重形成一定的注浆压力,无法满足设计要求。

(3)上拔注浆管时,锚孔底部的泥浆、泥渣等都沉积在孔底,与浆液一起形成水泥土,严重影响锚固段锚固质量,并且当锚孔中地下水赋存量较大时,浆液会被稀释,导致强度下降严重,进而锚固失效。

7.3 破碎地层注浆处理措施

在裂隙发育地层,为避免浆液随裂隙四散,有两种主要思路:一方面是限制浆液运移空间;另一方面是堵塞浆液运移通道。限制浆液运移空间主要是指采用膜袋包裹锚索后进行下放,注浆时浆液只能在膜袋内流动,但针对锚索与钻孔间距较小的情况不适用,会提高锚索下放难度,造成锚索卡死及膜袋破损,并且当锚索孔内部赋存一定的地下水时,膜袋包裹锚索后具有一定的浮力,无法安放。

堵塞浆液运移通道是指采用水泥+水玻璃双液浆对裂隙先行封堵,再用水泥浆加固锚固段,如图 7.3-1 所示。

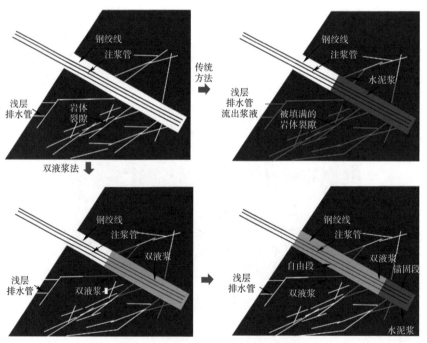

图 7.3-1 水泥-水玻璃双液浆注浆锚索原理

经现场验证,具体做法是:在浆液高速搅拌时,往水泥浆中加入 1%~1.5% 的水玻璃,降低浆液流动性,加快浆液初凝时间(配置后初凝时间为 3~5min),然后将水泥-水玻璃双液浆通过锚索注浆管从孔底灌入,并沿锚孔向上运移,运移过程中填充孔壁中的裂隙。根据锚固长度从孔口放置液位标记杆,当水泥-水玻璃双液浆到达该位置时,停止灌注双液浆,开始灌注纯水泥浆,利用水泥浆将双液浆往孔口方向挤压,使锚固段为纯水泥浆,当浆液从孔口返出,停止注浆。该方法可以形成纯水泥浆包裹锚固段锚索,水泥-水玻璃双液浆包裹自由段锚索的注浆状态,既可以利用双液浆的特点现行封堵地层中的裂隙,避免浆液异常损耗,又可以利用纯水泥浆的强度特性,确保锚索锚固力不受损失,很好地解决了破碎地层超长锚索注浆量异常的问题。

7.4 注浆记录

在注浆施工中,对注浆工程的各类钻孔应分类统一编号,对施工情况必须如实、准确地记录,对资料及时整理,绘制成相应的图表。由于外界条件的变化,注浆孔的布置、间距孔数、孔深等可能随之变化,因此应随时把实际施工的注浆孔表示在平面图、剖面图上。为了加强管理,应记录各孔的钻孔时间、位置、孔深、施工的顺序号、注浆量、注浆压力、异常情况等涉及工程施工状况的所有资料。设计、监理和施工单位应对注浆资料及时分析,对技术及时总结,不断优化设计施工。有条件的可采用智能灌浆记录仪监测灌浆过程中的关键参数,灌浆记录仪宜具备以下功能:①实时连续自动测量、显示及记录单孔或多孔灌浆作业的灌浆时间、注入浆量、注入率、灌浆压力(记录间隔时段内的平均压力和最大压力)、浆液密度等数据;②数据的云端实时传输、储存、监控及共享等云技术功能;③数据的加密、防伪及保护功能;④防过载、断电保护及抗电磁干扰功能;⑤适用于纯压式灌浆、循环式灌浆;⑥适用于多种水灰比的水泥浆液和压水试验。常见的灌浆记录仪见表7.4-1。

常见灌浆记录仪技术参数表　　　　表7.4-1

序号	项目	JT-Ⅷ(成都中大华瑞科技有限公司)	GJY-ⅦS型注浆记录仪(长江科学院)
1	采集参数类型	地层抬动值、浆液密度、注浆压力、流量	地层抬动值、浆液密度、注浆压力、流量
2	传感器数据传输形式	有线	有线
3	打印形式	可现场打印	可现场打印
4	一次注浆孔数量	2(可增配)	2(可增配)
5	是否可以进行压水试验监测	可以按照规范监测压水试验	可以按照规范监测压水试验
6	网页版	有数据处理平台	有网页版数据处理平台
7	手机端	有手机专用App	无

7.5 注浆质量检测

锚索施工是隐蔽工程,施工完成后对于工程质量无法直接确定,特别是作为锚固工程的核心注浆施工质量更是无法直接检测。目前工程上一般采用拉拔试验、钻孔取芯和开挖观测法三种方法,但都因检测面较窄、局限性较大而不能很好地解决锚固工程注浆质量的有效检测问题。拉拔试验只能对部分锚索(杆)进行抗拉拔来完成锚固质量的抽样检测,检测周期长且对锚固结构具有破坏性,并不能作为锚固工程安全性的最佳评价方法。钻孔取芯则是在锚固结构上沿锚索方向取出芯体,通过观察其形态特征得到的相关信息评判锚固质量,这种目测法本身就有一定的主观性,而且钻孔不仅费用高、技术难度大,还是一种破损式检测法,在很多工程实践中不具有适用性。开挖观测法需要现场开挖出锚索体,并且由于锚索体一般较长,只能局部开挖出锚索自由段端部,不能判断深部锚固段注浆质量。与钻孔取芯法类似,开挖观测法也是一种破损式检测方法,除非明确该工程锚索注浆存在较大缺陷,才会采用此方法。

当前,随着技术的进步,人们开始把研究物质内部结构和性质变化的思路转向通过研究物质表面应力波的问题,通过对应力波的信号挖掘,来推导物质的性质变换。由于应力波探测和应力波传播互为依存,因此,当前数学物理领域的发展方向已经转向到波传播理论的反演计算上了,相应的锚索注浆质量无损检测方法也应运而生。常用的无损检测诊断方法有振动诊断法、声发射诊断法、超声波诊断法、红外诊断法等。

目前锚索注浆质量的检测大多是采用应力波反射法进行检测,这种方法能够对锚索的施工质量作出全面评价。应力波反射法的原理是:在锚索外露端激振,产生弹性应力波信号沿钢绞线传播,当钢绞线周围或底端介质发生变化时(如砂浆不饱满或空浆时),传播信号将会反射回来,通过对固端传感器接收到的反射波信号进行分析处理,可以对锚固工程的注浆质量进行评价。应力波反射法能对锚索进行大规模的普查,速度比较快,对于锚固质量优良和极差两种状态是能够清楚分辨的,但对锚索注浆密实度的定量判断有着天生的不足,有待理论和实践进一步完善。

第 8 章

张拉施工

当注浆体达到预计强度后即可进行张拉,锚索张拉就是通过张拉设备使锚索预应力筋的自由段产生弹性变形,在锚固结构上产生预应力,以达到加固锚固结构的目的,与此同时也是对锚索进行一次试验,这种试验在某种程度上可以判定锚索的适用性,预测锚索的长期工作性能,揭示出锚索设计和施工中的缺陷。目前,许多国家标准和规范中都对锚索张拉、检验和校核的方法作出了详细的规定,我国《岩土锚杆与喷射混凝土支护工程技术规范》(GB 50086—2015)、《水工预应力锚固设计规范》(SL/T 212—2020)也有相关的内容。

8.1 张拉设备

张拉设备是对预应力材料实施张拉,建立预应力的专用设备,它主要由千斤顶、高压油泵及其他配套件包括检测仪表、锚具等组成。千斤顶和高压油泵的型号较多,且额定油压不同,施工时可依据张拉油压限值、锚具类型、束体材料种类、施工环境等因素综合选用。

8.1.1 千斤顶

1)分类和型号

目前工程上最常用的预应力千斤顶为穿心式千斤顶,它具有构造简单、维修保养方便的特点,主要用于与群锚夹片式锚具的配套张拉,既可以根据需要,配装限位板,组成不顶压张拉系统,也可以配装顶压器,组成能够顶压的张拉系统。当配上相应附件(拉杆、脚等)还可完成镦头锚、螺杆锚等的张拉。常见的千斤顶有YDC系列、YCQ系列、YCW系列和YCN系列等。一些常见千斤顶系列命名时符号含义及配套锚具见表8.1-1。

常见千斤顶系列命名时符号含义及配套锚具　　　表8.1-1

符号	系列名					
	YDC	YCQ	YCW	YDCN	A	B
含义简介	穿心式液压千斤顶	穿心式液压群锚千斤顶	穿心式通用型千斤顶	穿心式液压内卡式千斤顶	第一次设计	第二次设计
常用配套锚具	XM XYM	QM	QVM HVM	B&S	—	—

2)结构组成及技术参数

以北方预应力机械有限公司生产的YDC系列穿心式千斤顶以及柳州欧维姆机械有限公司生产的YDC、YCW系列穿心千斤顶为例来详细阐述。

YDC型穿心式千斤顶主要由油缸、穿心套、定位螺母、大堵头及密封件组成的"不动体",由活塞及密封件组成的"运动体"和吊装组件三大部分组成。在油压的作用下,运动体相对于不动体运动,实现千斤顶的张拉和放张。通过控制张拉腔面积的大小和油压值,得到设计的张拉力。

YDC-650型穿心式千斤顶适用于XYM、YM、BSM、OVM、COM、HVM、LVM等锚具体系中的3孔和3孔以下锚具,从张拉吨位而言,适用于张拉1860级直径15.24mm钢绞线3束及3束以下;也适用于张拉1860级直径12.7mm钢绞线5束及5束以下。该千斤顶与量程大于63MPa的双回路油泵配套使用。YDC-650型穿心式千斤顶结构组成如图8.1-1所示,型号说明如图8.1-2所示。

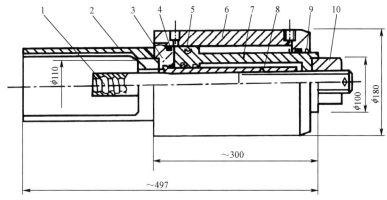

图8.1-1　YDC-650型穿心式千斤顶结构组成(尺寸单位:mm)
1-拉杆;2-承脚;3-前法兰;4-O形圈;5-密封件(4处);6-大缸;1~7-活塞;8-穿心套;9-防尘圈(2处);10-螺母

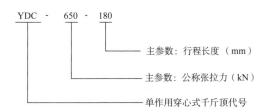

图8.1-2　YDC-650-180型穿心式千斤顶型号示意图

YDC-1100千斤顶适用于XYM、YM、BSM、OVM、COM、HVM、LVM等锚具体系中的5孔和5孔以下锚具,从张拉吨位而言,适用于张拉1860级直径15.24mm钢绞线5束及5束以下;也适用于张拉1860级直径12.7mm钢绞线7束及7束以下;在特定的工程使用条件下可以完成顶推、举重、移位等工作。该千斤顶与大于63MPa的双回路油泵配套使用。

3)QYDC型前卡穿心式液压千斤顶

QYDC-270-200型前卡穿心式液压千斤顶适用于单孔张拉、群锚的逐根张拉、故障排除退锚、补张拉。就预应力筋强度而言,可以张拉2000级以下直径15.24mm钢绞线、直径12.7mm钢绞线,如果更换/卸下各零部件,可以张拉精轧螺栓纹筋螺纹钢等。该千斤顶体积小、质量轻、效率高。重要的是,由于是前卡式钢绞线预留长度短(约260mm),尤其适合高空或空间位置较小的地方作业。该千斤顶与量程大于63MPa的双回路油泵配套使用。QYDC-270-200型前卡穿心式液压千斤顶的结构组成如图8.1-3所示,其型号说明如图8.1-4所示。几种常见的YDC型穿心千斤顶的主要技术参数见表8.1-2。

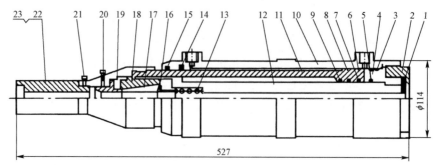

图 8.1-3 QYDC-270-200 型前卡穿心式液压千斤顶结构组成(尺寸单位:mm)

1-键;2-后法兰;3、6、8-O 形圈;4-端盖;5-STD50;7-STD90;9、15-防尘圈;10-大缸;11-二缸;12-小缸;13-弹簧;14-STD82;16-定位套;17-夹片;18-工具环;19-壳体;20-松锚套;21-螺钉;22-限位头;23-撑角

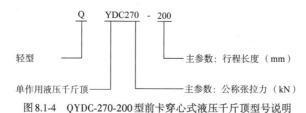

图 8.1-4 QYDC-270-200 型前卡穿心式液压千斤顶型号说明

常见 YDC 型千斤顶技术参数　　　　表 8.1-2

技术参数	规格型号				
	YDC-650	YDC-1100	YDC-2000	YDC-3500	QYDC-270
额定张拉力(kN)	650	1100	2000	3500	270
穿心孔径(mm)	63.5	80	110	160	<18
额定油压(MPa)	49	60	53	54	62
工具锚孔径(mm)	100	115	156	230	—
限位板孔径(mm)	110	120	175	230	—
张拉行程(mm)	180	200	200	200	200
回程油压(MPa)	<10	<10	<10	<10	<10
质量(kg)	45	68	110	205	24
尺寸(长度×外径)(mm×mm)	330×180	330×225	330×295	525×425	485×114

4)YCW 系列

YCW 系列轻型千斤顶是与 OVM 预应力锚固体系配套的张拉设备,是在原 YCW 系列千斤顶基础上采用特殊工艺、改进结构形式后更加轻量化的一种新型千斤顶,具有结构紧凑、密封性能好、质量轻、体积小等特点。YCW 系列轻型千斤顶是一种通用性较强的张拉机具设备,配用不同的附件,可分别张拉 OVM 型夹片群锚、DM 镦头锚和 LZM 冷铸锚。YCW 系列轻型千斤顶型号含义如图 8.1-5 所示。

第8章 张拉施工

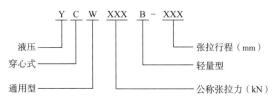

图 8.1-5 YCW系列轻型液压千斤顶型号含义

YCW系列轻型千斤顶有100、150、250、350、400、500、650(×10kN)等多种规格,行程均为200mm。在张拉不同类型、不同规格的锚固体系时要选择不同规格的附件。常见YCW系列千斤顶技术参数见表8.1-3。

常见YCW系列千斤顶技术参数　　　表8.1-3

技术参数	规格型号		
	YCW100B	YCW250B	YCW500B
额定张拉力(kN)	973	2480	4924
穿心孔径(mm)	78	140	280
额定油压(MPa)	51	54	49
张拉行程(mm)	200	200	200
回程油压(MPa)	<25	<25	<25
质量(kg)	65	164	580
尺寸(长度×外径)(m×m)	370×214	380×344	460×590

5)部分常见千斤顶及生产厂家

工程中部分常用的千斤顶型号及生产厂家如图8.1-6所示。

a) YCW200G-200B（广州市众力液压工具有限公司）　　b) YCW2000C/53-200（柳州欧维姆机械股份有限公司）

c) QYDC120-150（柳州欧维姆机械股份有限公司）　　d) YQC-25T-200B（柳州立博预应力机械有限公司）

图 8.1-6

e) YCW150D-200（柳州雷姆预应力机械有限公司）　　f) QYDC250X（柳州雷姆预应力机械有限公司）

图 8.1-6　国内常见张拉千斤顶产品外形图

8.1.2　油泵

油泵是张拉机具的动力源,将其与各种机具配套,能完成预应力张拉等工作。目前国内预应力油泵按照动力方式可分为电动油泵与手动油泵两类。电动油泵供油稳定、操作方便;手动油泵可满足无电源或在特殊环境中使用的要求。

1) 电动油泵

电动油泵又可分为常规油泵、轻便油泵和大流量变量泵。目前应用较多的是 ZB4-500型、ZB3-630型等常规电动油泵。它们的优点是性能稳定,与千斤顶配套性好,适应范围广;存在的不足是移动吊运不便,与大千斤顶配套使用的油箱容积不够大。

各种电动油泵的基本构造和组成大体相似,主要由电动机、油箱、控制阀、压力表等组成。柳州欧维姆 ZB4-500D型电动油泵的外形如图 8.1-7 所示。

（1）泵体。

该泵系自吸式轴向柱塞泵。电动机带动轴旋转,轴在旋转过程中,通过设置于该轴上的推力轴承逐次将柱塞压入油缸,而吸油弹簧靠其弹力时刻使柱塞贴紧在推力轴承端面上,轴和弹簧的交替作用使柱塞在油缸中往复运动,在进、排油路两单向球阀同步配合下,便在出油嘴得到连续均匀地出油。

图 8.1-7　柳州欧维姆 ZB4-500型
电动油泵(2YBZ2-50型)

该泵共有6个油缸,圆周等分排列又交错分成两条排油路,每条排油路均由3个相间120°的油缸组成。两条排油路单独出油,各不相扰。

（2）控制阀。

控制阀由左、右两个结构相同的阀体组成,分别为节流阀和卸荷阀。节流阀(送油阀)是一个可调的锥式阀。通过改变其阀隙通流截面积的大小来调节进入工作缸的流量。卸荷阀(回油阀)是一个手动截止阀,打开回油阀,工作缸中的油便可流回油箱。持压阀是一个球式单向阀,用以切断工作缸内高压油的回路,保证在停车时不送油。安全阀靠弹簧压力限制系统的最高压力。调节弹簧压力可以改变系统的最高压力,即安全保护压力。

(3)车体管路。

车体采用薄板焊接结构,油在下部,主泵直接浸入油中。泵、阀和电动机与翻板系固定联结翻板与油箱联结,高压管采用$\phi 9mm \times 2.5mm$紫铜管,低压管采用$\phi 11mm \times 0.5mm$透明塑料管。

(4)技术参数。

常规电动油泵的主要技术性能参数主要包括额定压力、额定流量、额定功率、质量等。ZB系列常规电动油泵的技术性能参数见表8.1-4。

ZB系列常规电动油泵的技术性能参数 表8.1-4

型号	额定压力(MPa)	额定流量(L/min)	额定功率(kW)	质量(kg)	外形尺寸(长×宽×高)(mm×mm×mm)	特点及适用范围
ZB4-500A	50	2×2	3.0	120	695×370×950	体积小,常用于额定张拉小于5000kN及行程小于或等于300mm的各类千斤顶及挤压机、镦头器等配套
ZB4-500S	50	2×2	3.0	120	745×494×1025	在ZB4-500型基础上增加一个三位四通换向阀形成三路供油,专为带独立顶压器装置的千斤顶配套,同时也满足ZB4-500应用的所有场合
ZB10-500	50	10	7.5	400	1000×760×1050	超高压、大流量,专为大吨位、长行程及要求快速动作的千斤顶配套。常用于额定张拉大于或等于5000kN或行程大于或等于500mm的各类千斤顶配套
ZB1-630	63	2×1.5	3.0	140	870×490×720	体积小、质量轻、流量小,适用于狭小空间及高空场合,常与张拉力300kN以下的千斤顶配套

2)手动油泵

手动油泵的特点是流量小、体积小、质量轻,适用于没有电源或频繁流动场合。手动油泵主要由泵体、操作阀、活塞、压杆和储油箱组成。这里以江苏升力机械制造有限公司生产的SYB系列手动油泵为例进行阐述。

SYB系列手动油泵是将手动的机械能转换为液体压力能的一种小型液压泵站。该油泵的主要特点是:动力为手动,高压、超小型,携带方便,操作简单,应用范围广。SYB-2型手动油泵外形如图8.1-8所示。

(1)结构组成。

手动油泵由泵体、手柄、胶管、储油箱、后座五部分组成。①泵体部分:泵体是油泵的主要部分,包括高压工作腔、低压工作腔、两个单向阀高压阀(安全阀)、低压阀、卸载阀、两个单向阀、进油口等。各处孔有机地联系在一起。两个单向阀的作用是防止压力油回流。低压阀和高压阀的作用是进行压力控制,分别将压力控制在1MPa和63MPa。进油口处的两个钢球是单向阀,工作完毕后松动卸载阀,压力油流回储油管,完成卸载工作。②手柄部分:主要由压杆、压把组成,靠两个销子与泵体和柱塞连接。手动力作用在压杆上,带动柱塞做往复运动,产生油液的压力。在压把上面有M20mm×1.5mm螺孔,是供垂直安装压杆用的,可以根据操作需要选用垂直或水平位置操作。③胶管部分:是连接油泵和油缸输送压力油液的部件。在不使用时,胶管与油缸脱开胶管头部用橡胶帽堵上,油缸接头处用接头堵上,以防污物进入油管和油缸。④在后座或油箱上面装有注油、放气装置,油泵工作时需松开放气螺栓,以免储油箱内气压过低,影响正常工作,工作完毕后拧紧放气螺栓。在后端安装一个挂钩,当手提油泵时用挂钩锁住压杆。

图8.1-8 SYB-2型手动油泵外形图

(2)工作原理。

手动油泵工作过程可分为四个步骤。①充液:油泵在开始工作时,油液被柱塞压入高低压单向阀,通过高低压单向阀进入油缸,当压力升至1MPa时,则低压阀打开,低压油溢回储油管。②升压:在上述的基础上,高压柱塞继续工作,压力逐渐升高,当压力超过额定压力63MPa时,则高压阀打开、高压油从高压阀溢回储油管,压力始终保持在63MPa。高压阀就是安全阀。③工作:在工作过程中,由于工作缸做功,能量会减少,所以要随时摇动手柄,保持所需的工作压力,直至工作结束。④卸载:油泵工作完毕,需要将压力减至零,打开卸载阀,油液流回储油管,完成卸载工作。充油、升压、工作过程实际上是不可分割,只摇动手柄就可完成这三个过程。

(3)技术参数。

手动泵的技术性能参数主要有压力、流量、最大手摇力等。SYB系列手动泵的技术性能参数见表8.1-5。

SYB系列手动油泵技术参数 表8.1-5

主要性能参数		规格型号	
		SYB-1	SYB-2
压力	高压(MPa)	63	63
	低压(MPa)	1	1
流量	高压(mL/次)	2.3	2.3
	低压(mL/次)	12.5	12.5

续上表

主要性能参数	规格型号	
	SYB-1	SYB-2
最大手摇力(N)	500	500
质量(kg)	7	10
外形尺寸(长×宽×高)(mm×mm×mm)	640×160×140	650×140×140
储油量(L)	0.7	3

8.1.3 智能张拉系统

智能锚索张拉系统具有自动张拉、自动数据记录、无线接入云服务器、远程实时监控等功能,以科学、规范的智能张拉替代传统的人工张拉,根据设定参数控制完成整个张拉过程,实现锚索张拉全过程规范的智能化施张拉替代传统的人工张拉。智能锚索张拉系统由智能锚索张拉机设备(硬件)和中央服务器端云平台(网络平台)组成,其系统工作原理如图8.1-9所示。

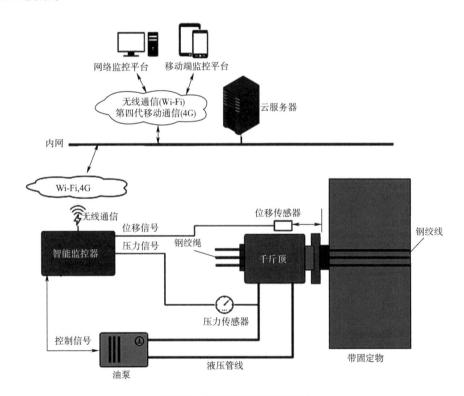

图 8.1-9 智能张拉系统工作原理

智能张拉系统主要优点是:①根据设定的参数自动完成张拉,系统根据设定参数,自动控制张拉,达到每一阶段张拉力后,按照设定阶段持荷时间自动进行稳压。②张拉全过程数据自动记录、显示并存储,实时、自动记录、显示并存储张拉全过程的数据。③张拉过程完成后,生成符合规范的施工记录表,支持报表及曲线打印、历史数据查看。④具有完善的掉电保护、压力保护功能,在张拉过程中即使意外停电,数据也不会丢失,上电后仍保持掉电前张拉状态及记录,继续完成张拉。具有压力保护功能,使其保护油管不会因为油压超负荷导致炸管。⑤无线接入中央服务器端云平台,张拉过程数据通过4G/第五代移动通信(5G)网络实时传输,接入中央服务器,能通过计算机或手机登录,实时监控张拉过程、查看报表和曲线、分析过程数据、进行成果整理。下面以柳州欧维姆机械股份公司生产的OVM·SPT4-50型预应力智能张拉系统进行阐述。

1)SPT4-50型智能张拉系统概述

OVM·SPT-50型预应力智能张拉系统,主要用于预应力筋(特别是桥梁预应力筋和岩土锚索)的张拉施工和锚固性能试验。它是通过可编程逻辑控制器(PLC)微计算机和工业平板或触摸屏组合方式控制智能泵站和智能千斤顶的张拉,利用测力传感器和位移传感器的测量数据反馈,实现预应力同步和精确张拉,同时对张拉过程数据进行储存,自动生成报表,可随时查看历史数据,以消除人为因素干扰,有效地保证预应力张拉施工质量。系统支持1泵2顶(SPT1B2D型、4-SPT型)、1泵1顶(SPT1B1D型、SPT4-50型)系统。

OVM·SPT4-50预应力智能张拉系统主要包括智能泵站、智能型千斤顶两部分组件,同时当需要计算机直接打印报表时,可定制报表,需配备相关软件和计算机。远程通信可采用有线或无线方式,可实现多点同步张拉。OVM智能千斤顶和智能泵实物如图8.1-10所示。

a)智能千斤顶   b)智能泵站

图8.1-10　OVM智能千斤顶和智能泵站实物图

2)SPT4-50型智能张拉系统主要用途及适用范围

SPT4-50型智能张拉系统主要用于预应力束的单端张拉、单束两端对称同步张拉等工况的预应力张拉施工。

(1)单束双顶智能张拉工况。

针对预应力T形梁等结构的预应力张拉施工,通常需要对单束预应力筋两端进行同步张拉,需要两台液压千斤顶施工。张拉时,采用两台智能泵站和两台智能千斤顶,如图8.1-11所示。

第 8 章 张拉施工

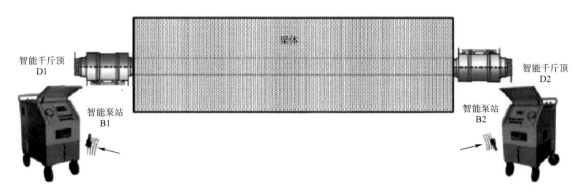

图 8.1-11　单束双顶智能张拉示意图

(2)单端张拉工况。

针对预应力筋的单端张拉预应力张拉施工或试验,只需要一台液压千斤顶,采用一台智能泵站和一台智能千斤顶,即可满足要求,如图 8.1-12 所示。

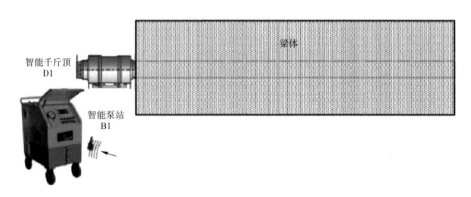

图 8.1-12　单束单顶智能张拉示意图

3)SPT4-50 型智能张拉系统技术参数

SPT4-50 型智能张拉系统技术参数见表 8.1-6。

SPT4-50 型智能张拉系统技术参数　　表 8.1-6

序号	项目	技术参数
一、SPT4-50 型张拉系统		
1	压力传感器测力精度	0.3%FS
2	位移测量精度	0.5%FS
3	各顶同步张拉力	<2%
4	系统工作电源	AC 380V/50Hz 三相四线制
5	控制电压	AC 220V/50Hz

续上表

序号	项目	技术参数
6	使用环境	温度为-5~40℃ 相对湿度:30%~90% 大气压力:86~106kPa
二、智能泵站		
1	额定压力	50MPa
2	额定流量	4L/min
3	电机功率	4kW,AC 380V,50Hz
4	液压工作介质	L-HM 32号优等品抗磨液压油(环境温度在-10~30℃之间) L-HM 46号优等品抗磨液压油(环境温度在25~45℃之间)
5	油箱有效容积	60L
6	外形尺寸(长×宽×高)	910mm×600mm×1150mm
7	质量	净重180kg,装油后总重230kg
三、控制系统		
1	控制系统	PLC+10寸(1寸≈0.33m)工业平板电脑
2	压力测量	量程:0~100MPa 精度:0.3%FS
3	位移测量	量程:0~225mm 分辨率:0.1mm 精度:0.05%FS
4	通信	以太网通信 无障碍环境下可靠传输距离:0.5km
四、智能千斤顶		
1	公称张拉力	2000~5000kN(配套200~500t智能千斤顶)
2	张拉行程	200mm
3	行程允许偏差	0~5mm

4)SPT4-50型智能张拉系统主要操作界面

SPT4-50型智能张拉系统采用图形化设计,优化参数导入和监测数据导出方式,系统主要操作界面如图8.1-13所示。

第8章 张拉施工

a) 系统初始页面　　　　　　b) 张拉项目信息

c) 张拉设备信息　　　　　　d) 张拉参数配置

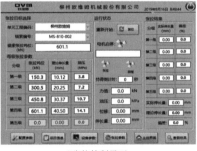

e) 张拉参数界面　　　　　　f) 张拉控制界面

g) 张拉结果

图 8.1-13　SPT4-50型智能张拉系统主要操作界面

8.2 张拉准备

8.2.1 人员培训

预应力锚索张拉施工质量要求高，也存在一定的不安全因素，因此要求操作人员要经专门培训，使其了解并掌握所从事该工种的专业知识和操作技能，保证作业时能准确操作。同时还要熟悉锚索张拉的安全操作规定、预防和排除故障的方法，以便在发生意外情况时，能妥善处理及时排除故障。培训后经过考试合格，取得上岗证才能上岗。为确保施工安全本款强调了非作业人员不要进入张拉作业区，特别是千斤顶出力方向45°内不要站人，以防不测。

8.2.2 机具准备

1）张拉机具标定

张拉机具配套标定前应进行下列准备工作：千斤顶、压力表、测力计等应与锚索设计张拉力相匹配，且处于良好状况。千斤顶的额定张拉力宜比锚索设计超张拉力大500~1000kN。张拉机具配套标定前，压力表、测力计应单独进行检验合格。采取保护措施以防止张拉机具在装卸、运输过程中受到碰撞、摔打、损伤。

张拉机具配套标定应符合下列要求：张拉机具配套标定应由具有相应资质的试验检验机构进行。应进行千斤顶-压力表配套标定，以及千斤顶-压力表-测力计配套标定。试验检验机构应按规定的试验方法进行试验，出具具有法律效力的张拉力-压力表(测力计)读数关系试验报告。

报告应包括下列内容：千斤顶的张拉力-压力表读数关系曲线图（含对应关系数值表）；千斤顶主动张拉力-压力表读数关系计算公式；千斤顶被动张拉力-压力表读数关系计算公式。千斤顶的张拉力-压力表-测力计读数关系曲线图（含对应关系数值表）；读数关系计算公式，张拉机具配套标定过程中发现的有关问题。

确定张拉机具的标定时间未超过6个月。千斤顶标定证书荷载与油压表读数关系实例如图8.2-1所示。

2）锚具、压力表等配套装备

确认锚具和千斤顶与束体材料相互配套，没有差错；确认所用油压表的精度不低于1.5级，张拉中使用的油压不大于油压表满量程的75%；确认实际张拉荷载不大于千斤顶额定值；确认张拉设备事前已经过试运转且一切正常。

8.2.3 资料准备

1）编制专项张拉方案

应计算钢绞线在各级荷载时的理论伸长值、编制张拉作业指导表，张拉作业指导表宜注明锚索吨位、孔深、张拉分级荷载、油压、理论伸长值等。

图 8.2-1 千斤顶标定证书荷载与油压表读数关系

2）锚索伸长量计算

预应力锚索张拉时，锚索钢绞线在拉力的作用下产生一定的瞬时形变和弹性形变。瞬时形变取决于锚索安放、注浆时的施工质量，每束锚索不统一，且在锚索张拉预紧时就已经发生完毕。弹性形变是锚索变形监测的主要部分，是钢绞线在应力的作用下伸长、变形，变形值预应力存在一一映射关系，因此，相同锚固力的锚索弹性变形一般相同。可根据《水电工程覆盖层预应力锚索技术规范》（NB/T 35100—2017）、《水电水利工程预应力锚固施工规范》（DL/T 5083—2019）进行准确计算。预应力钢绞线理论伸长值按式（8.2-1）计算：

$$\Delta L = \frac{P_j L}{AE} \tag{8.2-1}$$

式中：ΔL——预应力钢绞线伸长量，mm；

P_j——预应力钢绞线的平均拉力，N；

A——预应力钢绞线截面积，mm^2；

E——预应力钢绞线弹性模量，MPa；

L——预应力钢绞线张拉长度,mm。

对于直线钢绞线,预应力钢绞线的平均张拉力取张拉端的张拉力 P 值。

根据《预应力混凝土用钢绞线》(GB/T 5224—2014),预应力筋的弹性模量 E=193.9GPa。

每根钢绞线理论最终伸长量按照式(8.2-1)计算。预应力钢绞线拉伸时应力按照式(8.2-2)计算:

$$\sigma = \frac{P}{A} \tag{8.2-2}$$

式中:σ——预应力钢绞线应力,MPa;

P——钢绞线所受荷载,N;

A——钢绞线面积,mm^2。

3)锚索伸长量测量

锚索在初始应力下,测量千斤顶活塞体外露长度,锚索张拉时在相应分级荷载下测量千斤顶活塞外露长度。如果中间锚固,则第二级初始荷载应为前一级最终荷载,将多级千斤顶活塞伸长值叠加即为初应力到最终应力间的实测伸长值。

应分别测量在施加荷载前后钢绞线实际外露长度并计算其差值,以校核前款量测的实际伸长值。

8.2.4 现场确认及清理

1)锚固段龄期、外锚头混凝土强度确认

确认内锚段注浆体龄期满足要求,外锚头混凝土的强度已满足设计要求或强度已达到30MPa以上,且获得检验测试报告。

2)现场清理

将现场与张拉工作无关的设备和材料进行整理或撤离现场;保持现场整洁;将钢垫板、钢绞线表面的污物、清除干净;确认孔口附近的束体未被混凝土或水泥浆黏结。

8.3 张拉方法

8.3.1 张拉顺序

对布置在边坡、地下洞室和水工建筑物基础的预应力锚索,为降低群锚效应对预应力损失的影响,要先对布置在中间的预应力锚索进行张拉,再依次张拉布置在周边的锚索,或者按照设计要求进行。在边坡岩性复杂、压缩变形大的部位或预应力混凝土结构中,由于锚索张拉力大、索体长、形状复杂,为了减少预应力损失,可以采取间歇张拉的方式,待被锚固的介质或索体应力充分调整、早期预应力损失基本完成后再进行补偿张拉,使锚索应力达到设计应力值后锁定。

压力隧洞混凝土衬砌的环形锚索张拉时,为避免由次生应力的作用而引起洞段端部混凝土产生裂缝，不建议采取由中间向两端推进的张拉方式。如小浪底水利枢纽的排沙洞（其内径为6.5m），采取由两端向中间（即先锁口）的张拉方式，就未发现裂纹（缝）。张拉过程要连续缓慢均匀加荷、多分级、跳束分序张拉，以减少群锚效应的作用。

8.3.2 锚索张拉方法

为了使锚索体各根预应力钢绞线在张拉时受力均匀，且消除锚索的瞬时变形，采用单孔千斤顶对预应力钢绞线进行逐根预紧，预紧力一般为设计张拉力的10%~20%。预紧过程中要逐根钢绞线进行，特别注意不可遗漏。

对于钢绞线张拉长度均相同的锚索，如荷载集中型锚索，建议采用整束张拉法。参考《水电水利工程预应力锚固施工规范》(DL/T 5083—2019)要求，具体的张拉步骤如下：

（1）待锚孔内的浆液及锚索格梁的强度达到设计强度后，安装锚垫板、锚具进行锚索张拉。为减少预应力损失，使锚索超设计张拉力为σ_{con}，超张拉系数为1.1，比设计锚固力高10%。

（2）为确保钢绞线理顺并受力均匀，首先应按设计荷载的10%，采用单根张拉千斤顶进行单根钢绞线预紧。然后再整体穿入整体张拉千斤顶内，进行整体张拉。

（3）张拉时应按分级加载进行，加载及卸载应平稳缓慢，加载速率不宜超过$0.1\sigma_{con}$，卸载速率不宜超过$0.2\sigma_{con}$。

（4）钢绞线的张拉流程为：所有钢绞线单根预拉紧至($0.1\sigma_{con}$)，持荷→钢绞线整体张拉紧至($0.25\sigma_{con}$)，持荷→钢绞线整体张拉紧至($0.5\sigma_{con}$)，持荷→钢绞线整体张拉紧至($0.75\sigma_{con}$)，持荷→钢绞线整体张拉紧至($1.1\sigma_{con}$)，最后持荷10~20min进行锁定。分级荷载及持荷时间要求可参考表8.3-1。

（5）张拉以张拉力控制为主，伸长值校核。每级张拉荷载施加均匀，每一级张拉后稳压5min，同时量测索体伸长值并做好记录。

（6）锚索锁定后，用机械切割余露锚筋，并应留长5~10cm外露锚筋，以防拽滑。

张拉分级与持荷时间表　　　　　　　　　　　　表8.3-1

张拉阶段	预紧	分级加载	超张拉
加载系数	0.10~0.20	0.25、0.50、0.75、1.00	岩锚1.05~1.10 混凝土结构锚1.03~1.05
持荷时间(h)	2	2~5	≥10

注：1.加载系数为各级荷载与设计张拉力σ_{con}的比值。
　　2.张拉完毕后48h内，应力损失超过设计张拉力的10%时，应进行补偿张拉。

锚索张拉过程中要缓慢加载，其目的是使索体能充分调整应力，使之受力均匀。同样，被张拉的锚索在卸载时也要缓慢进行。如果采取快速降载，可能会导致锚固端受瞬时荷载冲击，使锚固段端部受到不利的影响，甚至会造成水泥结石或混凝土结构出现裂缝，所以要求严格操作工艺，确保预应力锚索施工质量。稳压时间的控制，同样是为了索体能充分调整应力、使之受力均匀。

建议采用张拉千斤顶实际测定的力值作为施加给预应力锚索的实际张拉力,并利用相应荷载下的实测伸长值复核。不建议采用锚索测力计在锚索锁定时的指示值判定锚索最终的张拉力。主要考虑有两点:①锚索测力计不是每束锚索都安装的,一般是按锚索总数的5%布置,所以不推荐利用锚索测力计判定每束锚索的锁定荷载。②锚索测力计都是被动受力的构件,实际荷载一般小于张拉千斤顶的出力。

由于锚具摩阻不同或锚具安装工艺上的问题,致使夹片在张拉过程中不能平齐跟进,出现错牙。这时夹片对钢绞线的咬合面积及咬合力减小,致使锚索的张拉效果受到一定的影响。所以,锚索张拉中夹片错牙不能过大,否则就要放张退锚调换夹片重新安装后再行张拉。

8.3.3 荷载分散型锚索张拉方法

荷载分散型锚索最大的特点是锚索锚固点在锚孔中的位置分散,从而将荷载均匀地分散到整个锚固段中,使得同一束荷载分散型锚索的预应力钢绞线长度不同。如果采用整束整体张拉时,会使得锚索钢绞线受力不均匀,当设计锚固力较大时,甚至会出现局部的钢绞线受拉断裂等现象。目前主要有单根循环分级张拉法和差异荷载整体张拉法两种。单根张拉宜按照先锚具中间后周边、间隔对称分序张拉的原则进行。需要较快实施张拉时,可采用差异荷载整体张拉法,其步骤宜为分组单根预紧、分组荷载差异化进行单根张拉补足伸长值、分级整体张拉、锁定。

1)单根循环分级张拉法

单根循环分级张拉法与整体张拉法差异较大,张拉全过程均采用单孔千斤顶进行,以3单元压力分散型锚索为例(从孔底至孔口的单元分布顺序为单元3→单元2→单元1),具体张拉步骤如下:

(1)待锚孔内的浆液及锚索格梁的强度达到设计强度后,安装锚垫板、锚具进行锚索张拉。设计锚固力为σ_{con},为减少预应力损失,锚索超张拉力为$1.1\sigma_{con}$,比设计锚固力高10%。

(2)张拉时分单元张拉,按照从底部到孔口的顺序依次张拉每个单元的钢绞线。每单元钢绞线张拉时,采用单根循环、分级、对称张拉方式。

(3)为确保钢绞线理顺并受力均匀,首先采用单孔千斤顶按设计荷载σ_{con}的10%进行单根钢绞线预紧。

(4)钢绞线的张拉流程为:所有钢绞线均预拉紧至$(0.1\sigma_{con})$,持荷2min→按照单元3、单元2、单元1的顺序,每根钢绞线对称拉紧至$(0.5\sigma_{con})$,持荷2min→按照单元3、单元2、单元1的顺序,每根钢绞线均拉紧至$(1\sigma_{con})$,持荷2min→按照单元3、单元2、单元1的顺序,每根钢绞线均拉紧至$(1.1\sigma_{con})$,持荷10~20min进行锁定。荷载分级及持荷时间可以根据现场实际情况进行适当调整。

(5)张拉以张拉力控制为主,伸长值校核。每级张拉荷载施加均匀,加载速率每分钟小于设计应力的0.1倍,每一级张拉后稳压5min,同时量测索体伸长值并做好记录。

(6)锚索锁定后,用机械切割余露锚筋,并应留长5~10cm外露锚筋,以防拽滑。

2)差异荷载整体张拉法

先单元异荷张拉后整体张拉,就是先对压力分散型锚索不同长度单元施加不同的荷载,而后进行整体张拉。理论上,先单元异荷张拉后整体张拉,可使锚索各单元受力完全相同。以3级单元压力分散型锚索为例,分析差异荷载整体张拉法各级张拉荷载。

若单元3初始荷载为F_{31}(F_{31}一般为单元设计荷载的90%),单元1、2上施加的初始荷载分别为:

$$F_{11} = (1 - L_3/L_1)F/3 + F_{31}L_{31}/L_1 \tag{8.3-1}$$

$$F_{21} = (1 - L_3/L_2)F/3 + F_{31}L_{31}/L_2 \tag{8.3-2}$$

式中: F——锚索设计张拉力,kN;

L_1、L_2、L_3——单元1、2、3钢绞线长度,mm。

整体张拉至设计荷载F后,锚索即可满足下列条件:

$$F = F_1 + F_2 + F_3 \tag{8.3-3}$$

$$F_1 = F_2 = F_3 \tag{8.3-4}$$

采用差异荷载整体张拉法后,每个单元钢绞线承受的荷载相同,各单元钢绞线受力均匀。

第 9 章

封锚

第9章 封锚

将整个边坡的预应力锚索施工完成后,需经过第三方检测机构验收检测合格后,才能开展封锚施工。若经检测未能达到设计要求,应对锚索进行补偿张拉,若已切割锚索尾部留长的,应采取接长措施进行张拉。

9.1 验收检测

锚索预应力检测的主要目的是检查已施工的锚索预应力是否达到设计要求。若合格,则可进一步开展封锚工作,不合格则需立即进行重新张拉。

9.1.1 要求

(1)验收试验的锚杆数量不得少于锚杆总数的5%,且不得少于3根。对有特殊要求的工程,可按设计要求增加验收锚杆的数量。

(2)永久性锚杆的最大试验荷载应取锚杆轴向拉力设计值的1.5倍;临时性锚杆的最大试验荷载应取锚杆轴向拉力设计值的1.2倍。

(3)验收试验应分级加荷,初始荷载宜取锚杆轴向拉力设计值的0.10倍,分级加荷值宜取锚杆轴向拉力设计值的0.50倍、0.75倍、1.00倍、1.20倍、1.33倍和1.50倍。

(4)验收试验中,每级荷载均应稳定5~10min,并记录位移增量。最后一级试验荷载应维持10min。如在1~10min内锚头位移增量超过1.0mm,则该级荷载应再维持50min,并在15min、20min、25min、30min、45min和60min时记录锚头位移增量。

(5)加荷至最大试验荷载并观测10min,待位移稳定后即卸荷至0.1N,然后加荷至锁定荷载锁定。绘制荷载-位移(P-S)曲线。

当存在如下要求时,可判定为验收合格:

(1)拉力型锚杆在最大试验荷载下所测得的总位移量,应超过该荷载下杆体自由段长度理论弹性伸长值的80%,且小于杆体自由段长度与1/2锚固段长度之和的理论弹性伸长值。

(2)在最后一级荷载作用下1~10min锚杆蠕变量不大于1.0mm,如超过,则6~60min内锚杆蠕变量不大于2.0mm。

9.1.2 原理

目前工程中大多采用反拉法实现锚下有效预应力检测。反拉法又称拉脱法,主要是通过对未进行管道灌浆的预应力钢绞线进行二次张拉来确定钢绞线的锚下有效预应力值。检测过程中,钢绞线可视为弹性体。在受力拉伸过程中,可通过分析施加的反拉荷载与钢绞线拉伸量的关系(即力-位移曲线)判断锚下有效预应力值。

钢绞线张拉后，夹片夹持钢绞线，取夹片与钢绞线的一段进行受力分析。

如图9.1-1所示，夹片夹持钢绞线，锚具固定夹片，夹片承受锚具传递的水平方向的力F_2，夹片与钢绞线的受力平衡方程为：

$$F_0 = F_1 + F_2 \tag{9.1-1}$$

式中：F_0——钢绞线的锚下有效预应力，N；

F_1——千斤顶施加的反向张拉力，N；

F_2——锚具对夹片的水平反力，N。

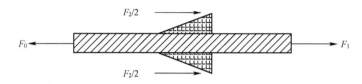

图9.1-1　钢绞线在夹片处的受力示意图

如图9.1-2所示，理想状态下，发拉法检测锚下有效预应力的曲线分为2个阶段。

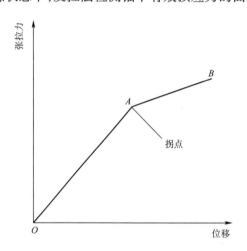

图9.1-2　理想的力-位移曲线

由图9.1-2可知，第一阶段施加反拉力时，钢绞线外露段受力拉伸，钢绞线视为弹性体，其材料应力应变特性满足：

$$\Delta L = F_1 L / (EA) \tag{9.1-2}$$

$$F_1 / \Delta L = EA / L \tag{9.1-3}$$

式中：ΔL——外露L对应的伸长量L为外露段钢绞线工具锚与千斤顶工作锚之间的长度，mm；

E——钢绞线的弹性模量，MPa；

A——钢绞线的截面面积，mm^2。

式中，E、A、L恒定不变，故$F_1/\Delta L$可视为恒定值，其值为力-位移曲线中OA段的斜率，再

反拉力 F_1 持续增加时,F_2 不断减小。

第二阶段,当反向拉力 F_1 持续增加至与钢绞线的锚下预应力 F_0 相等时,夹片被拉脱,内外钢绞线同时受力。此时,由公式可知 $F_1/\Delta L$ 的值变小,但还是恒定值,故力-位移曲线的斜率发生突变,如图中 AB 段所示。此时,拐点 A 所对应的反拉荷载即为钢绞线的锚下有效应力值。

9.1.3 流程

1)整体张拉检测

整束张拉法的基本原理如图9.1-3所示,在外露钢绞线上安装同型工具锚,并在工具锚和原锚头(工作锚)之间设置千斤顶及位移、力传感器。

张拉钢绞线,当反拉力小于原有预应力时,参与伸长的钢绞线为外露长度。而反拉力大于原有预应力时,孔道内自由钢绞线也参加伸长。此时,参与伸长的钢绞线长度大大增加,从而在同样的拉拔力增量下,钢绞线的伸长量会显著增加,即拉拔力-位移关系出现拐点,该拐点的位置即反映了原有预应力。

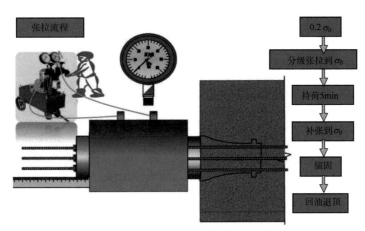

图9.1-3 整束张拉法基本原理
注:σ_0 为锚索预应力设计值。

2)单根张拉检测

单根张拉法的基本原理如图9.1-4所示,在外露单根钢绞线上安装工具锚,并在工具锚和原锚头(工作锚)之间设置千斤顶及位移、力传感器。其中,位移传感器量测夹片的位移。

张拉钢绞线,当反拉力小于原有预应力时,夹片对钢绞线有紧固力,不发生位移。而反拉力大于原有预应力时,夹片与钢绞线一起伸长。此时,夹片的位移急剧增加,因此,测量夹片的位移趋势即可判定有效预应力。从理论上讲,只要夹片产生相对于锚头的位移,即可判定张拉力已大于原有有效预应力。因此,降低测量噪声、提高信噪比是有意义的。此外,夹片产生相对于锚头的位移与孔道内钢绞线的自由段长度有密切的关系。

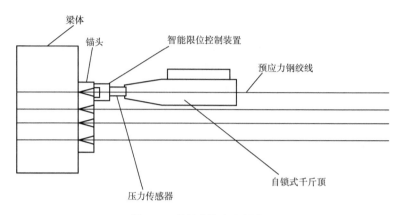

图9.1-4 单根张拉法基本原理

3）单根张拉与整束张拉的比较

单根张拉法与整束张拉法相比，其区别主要在于两点：测试效率与仪器的便携性、预应力的判据。

单根张拉法与整束张拉法的预应力判据有明显不同。对于整束张拉，其预应力判据是$F\text{-}S$曲线的下曲拐点；而对于单根张拉，则目前有两种判据：$F\text{-}S$曲线的第二次上曲拐点、夹片的位移绝对值。

相对而言，单根张拉法对夹片的位移量相对比较容易控制，而整束张拉法的控制则较为困难。特别是各钢绞线的张拉预应力相差较大时，原预应力较小的钢绞线率先进入力平衡状态（即夹片开始松动被并带出），但由于其他钢绞线尚未进入力平衡状态，因此千斤顶继续工作，使得该夹片继续被带出，有可能使其被超拉进而超过允许的回缩极限（1mm）。所以，从对预应力结构的不利影响来看，单根张拉有一定的优势。

4）单根张拉检测流程

（1）线路连接。

将强电输入与220V电源插头连接，强电输出与液压泵电源线相连接，使用电荷电缆将千斤顶传感器输出口与反拉式有效预应力检测仪传感器输入口相连接。

（2）通电。

启动检测仪上面的强电开关，等检测仪的工作指示灯亮起后，再按下起始按钮，这时液压泵通电，可以开始测试。液压泵通电后，按下液压泵上面的绿色按钮（启动按钮）启动液压油泵。待仪器启动以后，长按清零按钮，直至仪器显示屏出现仪器清零操作即可。

（3）油泵加压。

启动油泵，向左旋转油泵操作把手，油泵开始对千斤顶进油加压。

（4）触点触发油泵停止工作。

千斤顶对钢绞线进行张拉，待张拉至控制位移以后触点触发，千斤顶前端集成传感器探针自动识别信号，并控制油泵断电；同时传感器通过记录此刻千斤顶加载力值并传至检测仪器显示。此时，工作人员可记录下该值。

(5)油泵卸荷。

单根测试完成以后,控制液压泵操作手柄,将操作手柄旋转至油泵中间。此时,千斤顶开始卸荷,再将操作手柄向右旋转,油泵开始回油从而使千斤顶退回起始状态,完成本次张拉。

9.1.4 安全规定

(1)所有检测人员必须佩戴安全帽,高空作业佩戴安全带。
(2)高空作业必须在登高设备安全的前提下进行工作。
(3)现场检测过程中须配备固定安全检查及观察人员。
(4)检测人员对公共区域相关部位及周边设施采取必要的保护措施。
(5)检测人员在检测区域正下方地面处采取隔离措施。
(6)现场工作人员必须服从业主安全人员管理。

9.2 补偿张拉

预应力检测后,若发现存在预应力不足的情况,应当立即对锚索进行补偿张拉。锚索补充张拉适用于锚索段部尚未被切割,具有足够的留长,以便于再次穿过千斤顶进行张拉的情况。锚索补充张拉过程同初次张拉一致。

9.3 二次接长张拉

将锚索后部留长部分切割后,正式封锚前,应对锚索预应力再次检测,若发现预应力损失超过30%,应当进行二次接长张拉。

9.3.1 接长装置

1)锚索连接器

锚索连接器是一种对接连接锚索的中间传力装置,如图9.3-1所示。当锚索长度不足,无法穿过千斤顶,并采用整体式千斤顶张拉时,则需要使用连接器连接后张拉。张拉结束后,拧下连接器,取走上部传力锚索。

2)传力套筒

当使用连接器接长张拉时,应选择通径较大、行程较大的整体式穿心千斤顶,否则需要使用一个传递力的套筒套在连接器外侧,通过连套筒将千斤顶张拉时的反作用力传递至锚垫板及框架梁上,如图9.3-2所示。

9.3.2 张拉流程

锚索二次接长张拉与初次张拉流程基本一致,主要区别在于将穿心千斤顶穿入锚索前,需先使用锚索连接器将辅助锚索与工作锚索连接,然后将传力套筒套入到锚索上并对中,再将穿心千斤顶穿入工具锚即可启动油泵,施加预应力。

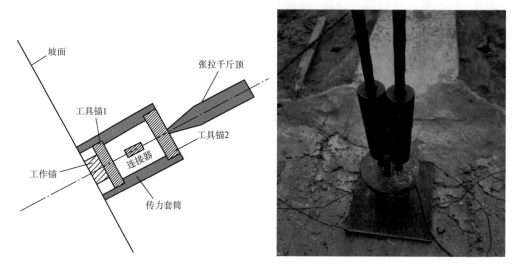

图9.3-1 锚索接长张拉示意图

图9.3-2 传力套筒安装示意图

9.4 封锚注意事项

封锚是指有黏结预应力在张拉工作完成后,将已经卡住钢绞线的锚具采用高强度水泥

第9章 封锚

砂浆封闭,待达到一定强度后,开始往预应力孔道内压力灌注水泥浆,浆液达到一定强度后,即可以剪断部分外露的钢绞线,并在锚具位置绑扎钢筋、安装模板,将锚具包裹在混凝土内。锚索张拉完成后应及时对锚头进行补浆,直至孔溢浆为止;对于锚具及锚筋外露部分,应采用与锚墩同强度等级的混凝土进行封锚。此外,封锚前应检查锚头是否都安装了第4章所述的封锚4件套,以确保锚头端结构合理、受力均匀。

第 10 章

预应力锚索长期监测及控制

第10章 预应力锚索长期监测及控制

10.1 概述

预应力锚索广泛应用于边坡、工业与民用建筑的基础工程中,由于锚索处于地下隐蔽工程,其生存环境恶劣、受力复杂、施工难度大,导致其质量难以控制,所以锚索的受力监测至关重要。锚索设置后,连续观测超过24h就可称为锚索的长期观测,其目的是掌握锚索预应力或位移变化规律,为锚索的短期试验提供重要的补充资料,提供有关锚固结构和地层的有价值的资料,确认锚索的长期工作性能。必要时,可根据观测结果,采取二次张拉锚索或增设锚索等措施,以确保锚固工程的可靠性。锚索预应力和位移的变化是由钢材的松弛、地层的徐变、温度的变化、各种冲击作用、锚固结构的荷载变化以及岩土体应力状态的变化等因素引起的。

国内外锚索规范几乎都对锚索预应力变化的长期观测作了明确规定。如国际预应力协会(FIP)规定,应对10%的锚索进行长期观测;法国标准指出,对5%~15%的永久性锚索(取决于锚索总根数)至少监测10年,在第一年内每三个月观测一次,第二年内每半年观测一次,以后的观测间隔时间为1年。锚索预应力的变化容许值为锚索设计荷载的10%。英国和南非规定,对全部临时性锚索和永久性锚索施加预应力后24h或48h就对其进行观测,如果结果令人满意,就对全部工程锚索的5%继续观测一年的时间。我国的土层锚索设计、施工相关规范中规定,对永久性锚索的预应力变化进行长期观测的锚索数量不应少于锚索总数的5%~10%,观测时间不宜少于12个月。应当指出,只有对具有永久性自由段的那类锚索才有可能进行预应力变化的长期观测,以及采用补充施加预应力的方法来调整锚索预应力损失量。

至于锚头位移的观测,恒定荷载下锚头位移量和位移量的发展应符合验收试验的要求。如果位移的增加与时间对数成比例关系或位移随时间而减小,则锚索是符合要求的。

10.2 锚索预应力随时间变化规律

随着时间的推移,锚索的初始预应力总是会有所变化。一般情况下,通常表现为预应力的损失。这种预应力损失在很大程度上是由锚索钢材的松弛和受荷地层的徐变共同效应造成的。所谓松弛,就是没有变形情况下的预应力损失,而徐变则是在永久荷载下所产生的材料变形。目前有关钢材松弛的知识是比较全面的,但是由于有关锚索锚固体实际的应力量值和分布状况资料很少,因此,人们对层或土体长期处于锚索荷载下产生的徐变了解甚少。实际上,由徐变引起的预应力损失量可能是相当大的。

10.2.1 钢材松弛

长期受荷的钢材预应力松弛损失量通常为5%~10%。根据对各类钢材进行的试验发现,受荷100h后的松弛损失约为受荷1h所发生损失的两倍;约为受荷1000h后应力损失量的80%;约为受荷30年之后损失量的40%。

钢材的应力松弛与张拉荷载大小密切相关,当施加的应力大于钢材强度的50%时,应力松弛就会明显加大,并随荷载的增大而增大,在20℃以上的温度条件下,这种损失量更大。

钢材品种和是否采用超张拉对于应力松弛损失也有显著影响,表10.2-1给出了预应力钢筋的应力松弛值。

预应力筋的应力松弛(单位:N/mm²)　　　表10.2-1

预应力筋类型	应力松弛量	
	一次张拉	超张拉
钢绞线、碳素钢丝	$0.36\left(\dfrac{\sigma_{con}}{f_{ptk}} - 0.18\right)\sigma_{con}$	$0.9\left(0.36\dfrac{\sigma_{con}}{f_{ptk}} - 0.18\right)\sigma_{con}$
冷拔低碳钢丝	$0.085\sigma_{con}$	$0.065\sigma_{con}$

注:σ_{con}为设计张拉应力;f_{ptk}为极限抗拉强度标准值。

在20℃、钢材预应力值到达75%保证抗拉强度的条件下,稳定化(低松弛)的钢丝和钢索应力损失为1.5%,而普通消除应力钢材的应力损失量为5%~10%。同时发现长期受荷的钢材由于徐变引起的变形也会使预应力发生损失。然而,与松弛所引起的应力损失量相比,这种损失量是可忽略不计的。

10.2.2 地层的徐变

地层在锚索拉力作用下的徐变,是由于岩层或土体在受荷影响区域内的应力作用下产生的塑性压缩或破坏造成的。对于预应力锚索,徐变主要发生在应力集中区,即靠近自由段的锚固段区域及锚头以下的锚固结构表面处。

坚硬岩石产生的徐变是很小的,即使在大荷载持续作用下也如此。根据美国预应力混凝土协会的有关资料,岩石锚索的预应力损失量在7d内可达3%,这主要是由于钢材的松弛造成的。对锚固的大坝进行的长期观测也表明,预应力的损失量最大可达10%,主要是由于钢材的松弛和混凝土的徐变造成的,而不是由基岩的徐变引起的。阿尔及利亚舍尔法水坝所用的预应力达10MN的锚固于坚硬砂岩的锚索监测结果表明,三年后,预应力损失量为4%,18年后损失量达到5.5%。Comte测定的锚固于裂隙发育的泥质片岩的预应力为1250kN的锚索,其预应力损失量为4%~8%,大部分的预应力损失都发生在五年观测期的早期。冶金部建筑研究总院在三峡水利枢纽永久船闸坚硬花岗岩中测得的3000kN预应力锚索的一年多的损失量为10%以内,并呈现出锁定后的早期荷载急剧衰减,半年后趋于稳定的势态(图10.2-1)。

第10章 预应力锚索长期监测及控制

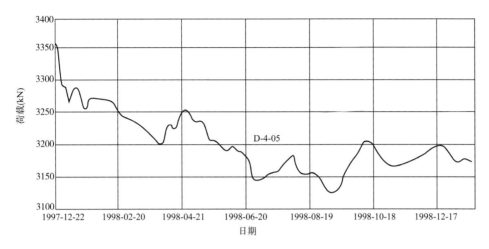

图10.2-1 三峡永久船闸D-4-05锚索荷载-时间曲线

在软弱岩石和土体中,由地层压缩产生的变形是相当大的,特别是在黏性土和细的均匀粒状砂中,变形非常明显,而且持续时间很长。固定在此类土体中的锚索在极限荷载作用下,锚固段会发生较大的徐变位移,而且锚固体周围的土体会产生流动,可能导致锚索承载力的急剧下降,进而危及工程安全。

掌握徐变变形随时间推移的变化是很重要的,特别对埋置于压缩性较大的地层中的锚索更是如此。一般情况下,永久受荷锚索的徐变-时间关系是指数关系。

根据时间-位移图上直线的坡度可以求出徐变系数k_s:

$$k_s = \frac{S_2 - S_1}{\lg t_2 - \lg t_1} \tag{10.2-1}$$

式中:S_1、S_2——时间t_1、t_2时的徐变量。利用锚索徐变试验中得到的徐变系数,就可以从理论上计算出锚索的预计长期徐变位移。

研究表明,对黏性土中的永久性锚索进行试验时,应把1.5倍使用荷载下的徐变系数的容许值限定为1.0mm。从理论上讲,k_s值为1.0mm时相当于在30min到50年内发生的位移达6mm。

许多试验的结果都表明,灌浆的长锚根锚索(直径为10~15cm、长度为20~25m)由于徐变在硬黏土中的预应力损失量约为6%;而在密实的中硬黏土中为12%。值得注意的是,这些预应力损失通常是在锚索施加应力后的2~4个月内记录的,以后损失量不再增大。实测的损失量值一般都低于用初始施荷期间所得徐变系数计算出的那些量值。

由此可见,软黏土中锚索的徐变量和变形收敛时间主要与荷载比β有关,且徐变变形主要发生在加载初期。要控制土锚的徐变变形量和徐变收敛时间,必须从降低锚固段的应力峰值入手。因此,保持适宜的β值(即选用较高的安全系数),有利于减少锚索的徐变变形。

10.3 锚索应力长期监测技术

10.3.1 振弦式锚索应力智能监测技术

1）系统组成及工作原理

振弦式锚索应力智能采集系统主要由应力监测端和数据接收端组成。应力监测端包括振弦式锚索应力计、数据采集装置、太阳能供电系统等；数据接收端主要包括数据接收装置、数据处理系统、预警系统等；数据传输采用通用无线分组业务（GPRS）无线传输，如图10.3-1所示。

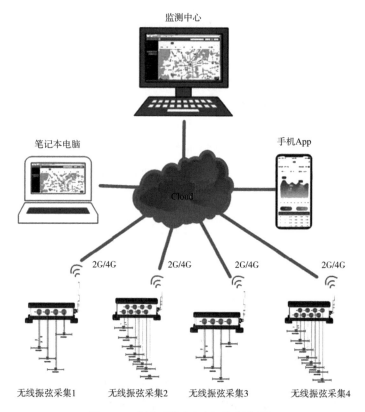

图10.3-1 振弦式锚索应力智能监测系统

2）技术参数

锚索应力计本身为高强度的合金钢圆筒，内置3、4或6个高精度钢弦式传感器，传感器由不锈钢护管保护。传感器可以测量作用在锚索应力计上的总荷载，同时通过测读每只传感器，还可以测出不均匀或偏心荷载，内部结构如图10.3-2所示。市场上主流产品的主要技术参数见表10.3-1。

第10章 预应力锚索长期监测及控制

振弦式锚索应力计主要技术参数　　　　表 10.3-1

规格	1000	2000	3000	4000	5000	6000
测量范围(kN)	0~1000	0~2000	0~3000	0~4000	0~5000	0~6000
穿心孔径(mm)	108	142	160	190	190	230
最大外径(mm)	315	355	385	420	430	466
分辨力(%FS)	≤0.2	≤0.2	≤0.15	≤0.15	≤0.15	≤0.15
输入频带变化范围(Hz)	500~600	500~600	700~1000	700~1000	700~1000	700~1000
温度测量范围(℃)	−20~+60℃					
温度测量误差(℃)	≤±0.5					
综合误差(%FS)	≤±2.5					
温度影响(%)	≤0.4					
耐水压(MPa)	≥0.5					
绝缘电阻(MΩ)	≥50					

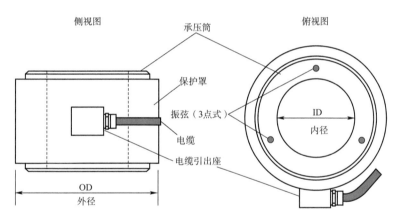

图 10.3-2　振弦式锚索应力计结构图

锚索应力计的工作原理是:①荷载使钢筒产生轴向变形,应变计同步变形,振弦产生应力变化,从而改变振弦的振动频率;②电磁线圈激振振弦并测量其振动频率;③频率信号经电缆传输至读数装置,即可测出引起受力钢筒变形的应变量;④代入标定系数可算出锚索测力计所感受到的荷载值。

3) 安装与埋设

锚索应力计一般安装在锚垫座上,钢绞线或锚索从测力筒中心孔中穿过,应力计置于锚垫座和工作锚之间,并使锚索应力计的轴线与待测索轴线平行,如图 10.3-3 所示。安装时,锚索应力计上下面与承压面之间应清理干净,不能有铁屑和砂粒,否则会影响测值。安装时,锚索应力计应放置平稳,如发现几何偏心过大,应及时予以调整。锚索应力计安装定位后应及时测量仪器初值,根据仪器编号和设计编号做好记录并存档,严格保护好仪器的引出电缆。

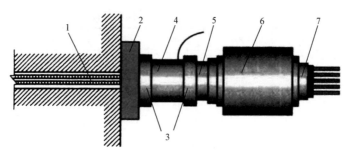

图 10.3-3 锚索应力计安装示意图
1-锚索；2-锚垫座；3-垫板；4-测力计；5-工作锚；6-千斤顶；7-工具锚

4）数据采集装置

数据采集装置是指能对传感器自动进行信号测量、转换、处理、存储，并能实现双向数据通信的装置。

数据采集装置的硬件由信号调理模块、A/D转换模块、处理器模块、逻辑控制模块电源模块以及接口模块等组成。

主要功能是：①可进行单点测量、选点测量及定时测量的数据采集。②可保存采集的数据及时间信息，各通道数据存储容量不少于50测次，数据存储器存满采集数据后，按先进先出的原则自动覆盖历史数据。③可对采集时间、采集周期、装置网络地址、传感器信息及其他工作参数进行设置。可接收采集计算机的命令设定、修改时钟和测控参数。④电源管理、电池供电和断电数据保护功能。蓄电池供电时间不应少于3d（需强电驱动控制的设备除外）。电源中断时，确保已存储的采集数据、设定的参数不丢失。⑤自诊断功能。具有一定的自检、自诊断功能，可自动检查工作电源、数据及程序存储器、测量通道等基本工作状态。⑥通信功能。具有同采集计算机进行通信的功能，使用支持符合国际标准的通用通信电气接口，如 RS232、RS485/422、CANbus，以太网等通信接口或 GSM、GPRS、CDMA 和专用无线电台等其他通信方式。主要技术参数见表10.3-2。

数据采集装置主要技术参数　　　　表10.3-2

项目		技术指标
采集模块通道		一般为8~32个通道（单只传感器占一个通道），可扩展
定时采集周期		两次采集最小时间间隔不大于10min，可根据需要进行设置
振弦式传感器测量模块	测量范围	频率400~5000Hz，温度-20~+80℃
	分辨力	频率0.1Hz，温度0.1℃
	准确度	频率不大于0.2Hz，温度不大于0.5℃
采集模块功耗	工作状态	不大于3W
	待机状态	不大于0.5W
绝缘性能	绝缘电阻	在正常试验大气条件下，当采用交流电源时，AC 220V 接线端子，对外壳接地点的绝缘电阻要求大于 50MΩ
	绝缘强度	在正常试验大气条件下，当采用交流电源时，AC 220V 接线端子，应能承受1min、1500V/50Hz交流电压抗电强度的试验，无击穿及闪络现象

第10章 预应力锚索长期监测及控制

续上表

项目	技术指标	
适应工作环境	温度	-10~+50℃
	湿度	不大于95%
平均无故障时间(MTBF)	6300h	

5)锚索应力计常见问题及预防

(1)直接安装在粗糙的承载面而产生测值误差。

由于锚索应力计设计工作在近于理想的环境条件下,但现场的情况往往与预期的不一致,如工作垫板承载基面不平整,或因工作锚与锚索应力计相接触的一面凹凸不平,施加在锚索应力计承载面上的荷载为点荷载或形成边缘效应,使得锚索应力计承载体受力不均匀,导致某一个或多个传感器受力状态小于(当远离点荷载区域)或大于(当靠近点荷载)真实荷载,从而导致测量误差,如图10.3-4所示。

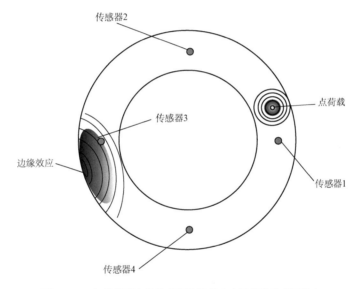

图10.3-4 点荷载及边缘效应导致锚索应力计荷载分布不均匀

根据基康振弦式锚索应力计使用经验分析,该误差大多在-5%左右,有的甚至可能达到-15%。严重者将导致振弦式锚索应力计承载体局部过载变形造成锚索应力计失灵或永久损坏。出现的误差大多以负误差体现,而出现正误差的现象却少见。

(2)工作锚与锚索应力计不同轴产生的测值误差。

在安装过程中,由于操作控制不当,工作锚产生偏心滑移错位(图10.3-5),使得锚索应力计与工作锚之间的接触面积减小,荷载不能均匀有效地加载到锚索应力计上,导致应力集中在锚索应力计某些区域上,这种误差随偏心的程度其大小不一致。

此外,因为锚索孔与垫板的承载面不垂直,即有一定倾角所产生的偏心荷载,导致张拉过程中锚索应力计或工作锚产生滑移。这种影响量随倾角的不同误差大小也各有所异,严重的将会导致锚具失稳,并可能将钢绞线剪断。

图10.3-5 工作锚偏移

(3)工作垫板强度不足产生凹陷变形或锚固墩强度不足造成的测量误差。

由于锚具生产厂家配套工作锚板较薄在受力后产生凹陷,导致锚索应力计承载面形成点荷载或线荷载;或锚墩浇筑质量不佳,在张拉过程中产生破裂而产生应力损失或锚固失效,如图10.3-6所示。

a)工作垫板凹陷变形　　　　　　　b)锚墩产生裂缝

图10.3-6 垫板强度不足或锚墩缺陷

基康公司的试验表明,因垫板过薄使得锚索应力计外边沿形成的线荷载将会导致锚索应力计产生"撮口"效应,"撮口"效应可使得锚索应力计测值将小于真实荷载,误差最大显示仅为真实荷载的96%。

(4)读数不同步的影响。

测量过程中需要对锚索应力计上的多个传感器进行逐个读数。在张拉过程中,千斤顶若不能准确稳压,锚索应力计承载体或产生回弹,若读数滞后将导致计算荷载与实际荷载的不同步,多数情况下测值将偏小。因此,应掌握读数的技巧、提高读数速度,推荐使用锚索应力计专用读数仪或数据记录仪,以提高读数的工效。

10.3.2 锚索应力自感知监测技术

预应力锚索的实际受力状态及监测研究要远落后于其在工程中的应用,还停留在理论阶段或是监测手段落后。锚索内传感器生存空间狭小,传统传感器难以获得其内部的受力状态与应力分布或存在其他监测问题。当下常用的监测手段有测力环法、磁通量法、应变仪法等。测力环只能安装在预应力锚索的锚头位置,不能监测锚索内部应力分布的情况,且存在受压偏心、读数误差较大的问题。磁通量法主要通过磁导率的变化来反映结构的受力状态,但其存在容易受外界磁场影响、对现场工况要求较高、内部线圈互相干扰、测量精度较低、磁化时响应速度较慢导致测量数据滞后等问题。电阻应变仪发展较成熟,但在潮湿、温差较大的环境中极不稳定且耐久性较差,难以实现对结构全生命周期的监测。

随着锚索技术的广泛应用,锚索的受力状态研究要适应时代的发展。近年来,光纤光栅技术的发展为锚索受力监测提供了可能性,桂林理工大学、哈尔滨工业大学、中交第二航务工程局有限公司等对此展开了深入的研究,形成了不同系列的自感知锚索预应力监测系统,如图10.3-7所示,也成功应用于部分项目,但目前该技术尚未形成统一的标准,并且未进行大面积推广应用,本书仅作简单介绍。

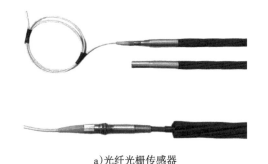

a)光纤光栅传感器　　　　　　　　b)自感知钢绞线端部封装保护

图10.3-7　自感知光纤锚索

1)监测原理

光纤由光纤纤芯、光纤包层、塑料涂覆层和护套等基本结构构成,大多数是用高纯度的纯玻璃制作,即主要以二氧化硅为主要材质。光纤纤芯的折射率比包层高,这是为了达到全内反射,使光信号在纤芯内传递。另外,为提高光纤的折射率,会在制作纤芯时掺入极少的掺杂物(如锡、硼、锗);光纤涂覆层主要是对光纤内部的保护,防止光纤被自然侵蚀以及机械损伤;护套等其他结构主要是对光纤起保护作用。光纤具有较强的机械性能,它抗拉性能高、强度都较大,可以弯曲为直径5cm的圆环而功能不受影响,光纤弯曲后基本能恢复到之前的笔直状态。光纤光栅(FBG)是根据光纤的光敏效应,采用驻波写入法研制得到,在制作光纤光栅时,选择不同的曝光条件以及不同的光纤即可得折射率不同的光纤光栅。光纤光栅结构简图如图10.3-8所示。

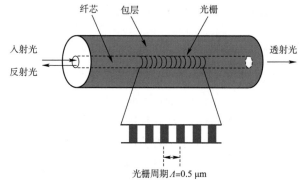

图10.3-8 光纤光栅结构简图

根据耦合模理论,光纤光栅的特征方程为:

$$\lambda = 2n_{eff}\Lambda \tag{10.3-1}$$

式中:n_{eff}——纤芯的有效折射率;

Λ——光栅周期;

λ——光栅中心波长。

外界因素引起光栅折射率n_{eff}与周期Λ的变化,进而引起中心波长λ的变化;其他物理量保持不变,光栅中心波长漂移量$\Delta\lambda$与应变之间的关系式为:

$$\Delta\lambda = K_\varepsilon \varepsilon_g \tag{10.3-2}$$

$$\varepsilon_g = \frac{F}{EA} \tag{10.3-3}$$

式中:$\Delta\lambda$——光栅中心波长漂移量,mm;

K_ε——应变灵敏度系数;

ε_g——光纤光栅感知应变,mm;

F——锚索监测点受力值,N;

E——钢绞线弹性模量,MPa;

A——钢绞线工程面积,mm^2。

将ε_g代入,得锚索监测点受力值为:

$$F = \frac{\Delta\lambda EA}{K_\varepsilon} \tag{10.3-4}$$

2)监测系统组成及流程

自感知光纤锚索应力监测系统由以下部分组成:光纤光栅解调仪、光纤光栅锚索监测传感器、张拉装置。根据光纤布拉格光栅由基体变化产生应力、应变的特性以及波分复用技术,在光纤的不同位置布置不同波长的光栅,再将制作好的光纤光栅耦合到锚索中心丝内。根据解调仪解调到的光纤布拉格光栅反射光的波长,对锚索不同监测位置解调对应的波长,代入传感器标定的公式可计算出锚索对应测点的受力值,从而实现对锚索的长期受力监测。图10.3-9所示为光纤光栅监测流程。

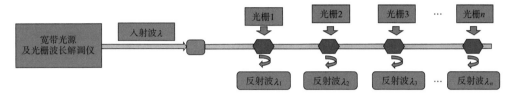

图10.3-9 光纤光栅监测流程

10.4 锚索预应力变化控制方法

锚索预应力长期观测可以揭示锚索的长期工作性能,测得锚索预应力变化的大小和范围,为锚索预应力控制提供资料。通常应提供锚索预应力-时间关系曲线,并记录锚索工作环境的变化。国内外规范一般规定锚索预应力变化控制范围为锁定荷载的10%,超过这一范围应查找原因,必要时可重新张拉(增加或降低预应力)或增加锚索数量。从地层产生徐变引起预应力损失的角度考虑,锚索不能埋设在高压缩性土、液限大于50%和相对密度小于0.3的地层。锚索预应力变化控制方法主要有:

(1)预应力筋采用低松弛钢绞线。当钢绞线的初始负荷为最大负荷的70%和80%时,普通钢绞线在受荷1000h的松弛值分别为8%和12%,而低松钢绞线仅为2.5%和4%。因此,预应力筋采用低松弛钢绞线对控制锚索预应力损失是十分有效的。

(2)确定适宜的锚索设计荷载。锚索的应力损失与锚索预应力筋的应力水平密切相关,预应力筋的控制张拉应力小于其抗拉强度标准值的60%时,既可减少锚索受荷后的应力损失,又可避免在高应力作用下出现应力腐蚀。

(3)采用适宜的荷载比(即锚索锁定荷载与极限承载力之比)。北京新侨饭店基坑锚索当锁定荷载为1000kN和920kN时,25d后锚索预应力损失达14.6%和15%;当锁定荷载为850kN和800kN时,25d后锚索预应力损失仅为5.22%和7%。由此可见,适宜的荷载比可有效减少锚索预应力的损失。

(4)确定适宜的锁定荷载。原则上可按锚索的拉力设计值(工作荷载)作为初始预应力加以锁定。但对基坑开挖工程中的临时锚索,考虑到容许墙支护结构的变形,往往引起锚索预应力值的增大。在这种情况下,锚索的锁定荷载可取锚索拉力设计值的60%~80%。

(5)采用能缓减地层应力集中的措施。如对坚硬岩石,充满黏土的节理裂隙性岩体在荷载作用下的塑性压缩变形往往会引起明显的预应力损失,因而预先要用短锚索加固与锚索传力系统接触的破碎岩体;传力结构应具有足够的刚度并与地层有足够大的接触面积;采用单孔复合锚固结构,使锚固体内剪应力得以均匀分布,都会有助于减少地层的徐变变形及锚索的预应力损失。

（6）实施二次张拉。在锚索锁定7~10d后对锚索实施二次张拉,可有效降低预应力损失。二次张拉还可对预应力增加较大的锚索实施放松措施,以降低其预应力值。

（7）合适的施工工艺。对徐变变形明显的地层宜采用二次高压灌浆工艺;锚索张拉时先对每根钢绞线应施加相同的初始荷载(单根预紧),避免钢绞线应力相差较大的现象发生;爆破作业点与锚头间保持适当的距离等都会减少锚索的预应力损失。

第 11 章

工程应用实例

11.1 某航运枢纽工程高边坡

11.1.1 工程概况

某枢纽工程涉及13个高边坡施工,最高的2号坡高188m。边坡岩体节理较为发育,区域岩体性质空间变异性十分突出,主要地质条件为:砂岩、泥岩、砂泥岩互层,局部存在炭质泥岩,且岩层产状为中高倾角。强风化砂岩、炭质泥岩节理裂隙密集发育,较富水;中风化岩体除局部破碎带外,透水性弱,如图11.1-1所示。

图11.1-1 现场开挖揭露炭质泥岩

11.1.2 加固方式

采用压力分散型预应力锚索,间距4m呈梅花形布置。锚索设计长度40m,可根据现场钻孔情况调整锚索长度,保证锚入中风化岩长度不小于15m;胶结式内锚固长度12m,每根锚索布置4级承载体,单根锚索拉拔力设计值1000kN,锚索结构如图11.1-2所示。锚索锚固段应进入完整中风化岩。锚索通过混凝土垫座与护坡表面混凝土格构梁连接,混凝土垫座通过格构梁连接成整体,格构梁断面尺寸为0.4m×0.6m。格构梁中间设置排水孔。典型支护结构如图11.1-3所示。

第11章 工程应用实例

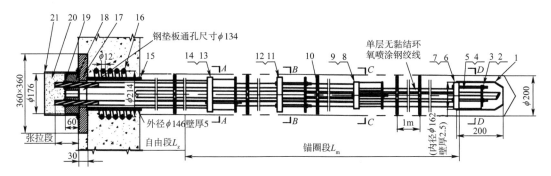

图11.1-2 某枢纽工程护岸边坡压力分散型锚索结构(尺寸单位:mm)

1-导向帽；2-六角螺栓；3-六角螺母；4-地锚专用挤压套；5-ϕ15.2mm挤压弹簧；6-压板1；7-承压板1；8-压板2；9-承压板2；10-隔离架；11-压板3；12-承压板3；13-压板4；14-承压板4；15-钢套管；16-螺旋筋；17-钢垫板；18-工作锚板；19-工作夹片；20-防腐油脂；21-保护罩

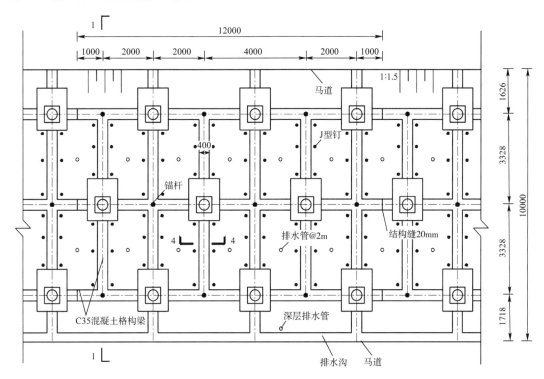

图11.1-3 某枢纽工程护岸边坡典型支护结构(尺寸单位:mm)

11.1.3 锚索施工

压力分散型锚索的特点是锚索全长范围内钢绞线均不与浆体直接接触，钢绞线均由套管及油脂保护，预应力被承载板和挤压套转换为承载体对注浆体的压应力。因此，在锚索制作过程中要注意钢绞线嵌入挤压套内的长度，不能过度剥皮导致钢绞线裸露(图11.1-4)，以免造成钢绞线与注浆体黏结，张拉时局部应力集中，引发钢绞线被拉坏。

图 11.1-4 锚索承载体制作

为克服破碎地层易塌孔、套管不易拔出及钻头断裂等现象,采用安曼 HDL-200D 型顶驱式多功能钻机钻进,其主要特点是:①套管在钻进过程中与钻杆呈反方向旋转钻进岩层,不依靠开花钻头扩展空间跟进,避免了套管拔出困难现象;②动力头带有大功率顶部冲击器,不用潜孔锤和空气压缩机就可以达到冲击钻进的效果,成孔效率高、质量高,特别适用于富水破碎泥岩地层钻进。安曼 HDL-200D 型顶驱式多功能钻机主要参数见表 11.1-1。

安曼 HDL-200D 型顶驱式多功能钻机主要参数　　表 11.1-1

主要性能	HDL-200D
钻孔直径(mm)	100~250
钻孔深度(m)	0~220
钻孔角度(°)	-30~105
动力头最大冲击功(N·m)	900
质量(kg)	16800

常规承载板易被钢套管管靴处的凸台卡住,引起锚索下放困难,造成锚索卡死。采用砂轮机将承载体边缘棱角处磨圆,形成一个人工圆角,充分减少卡住的次数,如图 11.1-5 所示。

注浆时,采用普通的 PE 注浆管,参数为外径 25mm,壁厚 2mm,承载力 1.6MPa,注浆管与锚索一起编束,并随锚索下放。注浆时采用三缸注浆泵进行纯水泥浆注入,但总是在靠近孔口位置处发生注浆管爆裂现象[图 11.1-6a)]。由于锚索较长,孔壁易坍塌,且压力分散型锚索的特点是靠近孔底部位的钢绞线少,注浆管外围保护钢绞线减少,易被坍塌下的土体压住,造成堵管或者浆液流动通道缩小。管口部位浆液不断进入管内,管口部位浆液聚集,压力上升,造成注浆管破裂。锚索注浆时,首先采用高强度注浆管,注浆管材质为全新塑料

[图11.1-6b)],抗压强度可达2.0MPa,并且注浆前要采用高压风机进行注浆管贯通。

图11.1-5 人工打磨承载体棱角

a)注浆管爆管

b)全新料注浆管

图11.1-6 注浆管

等待浆体强度达到要求后,采前卡式液压千斤顶进行张拉。张拉步骤为:12根钢绞线均预紧至$(0.1\sigma_{con})$→单根钢绞线拉紧至$(0.5\sigma_{con})$→$1\sigma_{con}$→$1.1\sigma_{con}$,循环12次,千斤顶装卸24次。

11.1.4 加固效果

2023年2月26日—9月20日枢纽工程先导段锚索验收试验,安装锚索应力计持续观测锚索预应力变化。结果表明,预应力初期损失较快,但一周以后维持稳定,均满足设计锚固力要求,局部监测数据如图11.1-7所示。并且相比于锚索试验中采用的裸钻、普通钻机跟管钻进等技术提高了施工效率,锚索施工过程中也未出现卡钻、塌孔、断钻头及注浆量异常等问题,确保了施工质量。

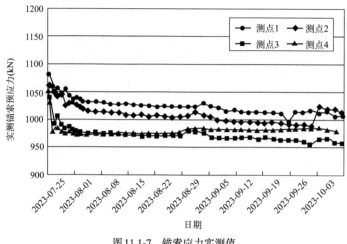

图 11.1-7　锚索应力实测值

11.2　某高速公路隧道进口高边坡

11.2.1　工程概况

某隧洞进口路堑边坡开挖揭露地层包括坡积粉质黏土、残积土、碎石土、强风化千枚岩和中风化千枚岩,原始自然山体坡度为25°~65°,路堑开挖区域原始山体坡度为22.8°,周围山体未见马刀树等异样情况,自然山体处于稳定状态。该区域路堑开挖最大高度30.5m,属于高速公路路堑高边坡,安全等级为1级;开挖后单台阶坡度为45°,整体坡度为40.7°,较原始地形提升了18°,形态变化较大。

路堑边坡采用台阶式边坡,上缓下陡,每10m分一级,自下向上坡率分别为1:1、1:1、1:1,平台宽均为2m。第二级边坡采用锚索框架梁植草防护。

11.2.2　预应力锚索参数

锚索由4根ϕ15.24mm的钢绞线(高强度、低松弛预应力钢绞线,单根钢绞线极限抗拉强度1860MPa,面积140mm^2)编制而成,锚索长度26m,锚固段长度10m,设计锚固力330kN。

11.2.3　锚索施工

锚索施工流程如图11.2-1所示。

(1)场地平整、搭建作业平台。为了方便锚索施工,在场地试验锚索处,采用脚手架修建钻孔作业平台,将钻机平整地布置在平台上。

(2)锚索孔成孔。钻机安装好后,用地质罗盘校正导轨开孔倾角,钻机对正钻孔调试,再固定钻机,使用全液压钻机,用钻机配相应冲击器及钎头,冲击回转干孔钻进成孔。钻孔达到设计深度以后,用高压风冲孔,清除孔内岩粉,以便提高水泥浆与孔壁岩体的黏结强度。

(3)锚索制作与安装。按设计要求选用钢绞线等材料制作锚索束。其方法为:在制作场地上,每隔1m设一作业支架,将由砂轮切割机切割好的钢绞线平放在支架上,从一端量出锚固段的长度,去除锚固段油污,用干棉纱将锚固段锚索擦拭干净,然后用钢丝刷除锈,再按设计要求,绑扎扩张环、箍环、焊导向尖锥。锚索自由段按设计要求处置。锚索束制作好后编号、标记,待入孔安装。扩张环、箍环和导向尖锥按设计图现场制作。制作好的锚索经核对与所施工钻孔编号一致时,人工抬至钻机工作平台,人工推送入孔。

(4)注浆。制作锚索束时,将注浆管从锚索隔离架中穿入绑好,与锚索同时送至距孔底15~20cm处,使用注浆泵从孔底注水泥浆至孔口,浆液沉淀后要进行二次补浆。

(5)锚墩布置。锚索施工完成后,制作锚墩。如因边坡高陡,难以进行锚墩施工,在张拉时可采用两块厚度为2cm的钢板代替锚墩。

(6)锚索张拉。等孔内水泥浆强度达到设计要求后,按设计、规范要求进行锚索张拉。

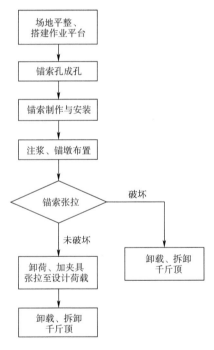

图 11.2-1　锚索施工流程

11.3　某航运枢纽指挥中心边坡工程

11.3.1　工程概况

工程位于深圳市西乡西城工业区朱凹山山顶,是珠江三角洲地区民航航运的指挥枢纽和该地区无线寻呼发射中心。山北坡坡脚高程为4.0~12.0m,坡顶高程为162~170m,坡体高差约为158m,平均坡度为25°~30°,坡面下部地层依次为残积层、强风化层、中风化层和基岩,各层的性质和物理力学参数如下:

残积层:层厚0.5~2.0m,成分为土加石。

强风化层:层厚5.0~8.5m,重度为24.2kN/m³,内摩擦角为35°,黏结力为0.52MPa,为完全风化的花岗岩,呈松散状。

中风化层:层厚1.0~3.2m,重度为25.6kN/m³,内摩擦角为35.4°,黏结力为0.92MPa,为中风化的花岗岩。

基岩:主要为细粒花岗片麻岩。

山体北坡坡脚处由于大量开采土石方,使边坡稳定性恶化,加之雨水的渗透,于1992年发生了数十万立方米的滑坡,滑坡体呈喇叭状沟槽形态,滑坡体长度为280m,宽度为55~100m,周围形成8~20m的陡坎,上顶端(南端)陡坎距公路仅4m,西侧陡坎距雷达站围墙为20m。受滑坡体的影响,雷达站通信设备楼地面下陷近1m,围墙多处开裂并不断扩展,传呼机天线楼东侧散水地面严重下陷和开裂,直接威胁雷达站的正常运行。有关专家经过对多个加固方案的讨论,最后决定采用以预应力锚索加固为主,以微型桩、钢筋网喷射混凝土和疏排水系统相结合的加固方案。

11.3.2 加固方案及参数

经过论证确定,加固重点定在沟槽南端约70m范围的陡坎,陡坎平均高度$H=9$m,自然坡度$a=7''$,采用轻型锚索喷射混凝土结构进行加固,设计时假定锚索承受全部荷载,喷射混凝土挡土墙的作用是将土压力传递给锚索。喷射混凝土平均厚度为20cm,内置直径为4.18mm的钢筋网,钢筋网密度为250mm×250mm。锚索形式为预应力自由锚索,下倾角为30°,呈两排交错布置。该边坡在加固范围内的地层均为土和完全风化的岩体,应按土边坡考虑。按土力学理论计算,结果见表11.3-1。锚索分两排布置,其位置分别在距底部3m(第一排)和6m(第二排)处,排距为$L_a=3$m,横向间距为$L_b=2$m。由计算可知,第一排锚索处的土压力为$\sigma_1=32$kN/m²,第二排锚索处的土压力为$\sigma_2=46$kN/m²。

锚索计算参数　　　　　表11.3-1

参数	单位	数值	
锚固力	kN	第一排	222
		第二排	320
锚固段长度	m	第一排	4.4
		第二排	6.4
锚固段深度	m	第一排	0.61
		第二排	0.72
锚固段长度	m	第一排	10.5

续上表

参数	单位	数值	
锚固段长度	m	第二排	10.62
钢绞线根数	根	第一排	2.54(取3)
		第二排	3.65(取4)

11.3.3 施工

1)锚索制作与安装

钢绞线按设计长度截断后,全长采用"F-236"型防锈剂涂刷,24h后进行组装。组装时,自由段部分采用聚氯乙烯波纹管全长防护,波纹管内全长充填无黏结预应力筋专用防护润滑脂,波纹管两端用塑料胶布密封,以防注浆时浆体渗入管内。

锚固段每间隔0.6~0.8m设置一个架线环,具有对中和使各钢绞相互分离的作用,可确保每根钢绞线周围均有注浆体包围。

自由段全长每间隔1.5~2.0m设置一个对中支架,使每两个对中支架之间的锚索体无明显的挠度,可确保锚索体置于钻孔中央并被注浆体包围。对中支架均采用硬质聚氯乙烯制作。

2)注浆

注浆体使用525普通硅酸盐水泥和优质细砂配制,水泥:砂:水=1:1:0.45。为缩短施工周期,在注浆体中加入0.5‰的三乙醇胺早强剂。注浆时,先将注浆管随同锚索体一同送入孔底,注浆从孔底开始,随着浆液的注入缓慢地将注浆管向外移动,使注浆管口部始终在浆液中,直到注满为止。

3)张拉

张拉的目的是使锚索主动受力,减少结构进一步变形。由于地层较软,较大的应力可能会压坏喷射混凝土挡土墙,根据现场情况,确定第一排和第二排锚索分别施加150kN和200kN的预应力。张拉完成后,通过在垫墩上预留的补浆孔对第一次浆体收缩部分进行补充注浆,并将外露的锚具和钢绞线用混凝土密封。

11.3.4 加固效果

通过稳定性验算,加固后该边坡的抗水平位移安全系数为1.2,抗倾覆安全系数为1.76。该工程施工经过了数场暴雨的考验,经过近一年的观察,原变形的结构物和地层已经稳定。实践证明,该方案在工期和工程造价等方面均优于其他加固方案,证明了锚固技术是一项先进可靠的岩土加固技术。

第 12 章

总结与展望

第 12 章 总结与展望

随着我国经济建设的飞速发展,岩土工程预应力锚索锚固技术也得到了突飞猛进的发展,其应用已经涉及水利水电工程、铁路隧道工程、公路工程、桥梁工程、工业与民用建筑工程、国防工程等领域。目前,国内外已开发出各种类型的岩土工程预应力锚索达 600 余种,至今尚未出现比它更好更强的新型加固技术。

本书从常用的边坡预应力锚索种类开始,详细介绍了锚索束体材料的特性、锚具的类别,阐明了钻孔、锚索制作与安装、注浆、张拉、封锚等施工工艺及预应力锚索长期监测及控制方法,最后辅以适当的工程实例进行说明,形成了一套完整的边坡预应力锚索施工工艺与质量控制技术体系,可作为类似工程的参考依据。

目前,预应力锚索施工过程中普遍出现设备自动化程度低、工人劳动强度大、产品质量波动大等现象,导致预应力锚索加固技术的应用受到一定的限制。但随着科学技术的不断进步、工程实践的不断丰富、广大科技工作者的不懈努力,对预应力锚索加固技术将具有更加广阔的应用前景。今后一段时间内,预应力锚索加固技术将在以下几个方面取得较大的进步:在施工机具方面,机械化、自动化程度更高,现有的锚索张拉、锁定工具、工艺也将被更安全更可靠的工具、工艺所代替;在锚索束体材料和注浆材料方面,需开发新型锚索索体材料和注浆材料,如轻质高强耐腐蚀的人造材料等;在应用对象方面,需要不断创新锚固理念,研发锚索合理的锚固形式,如拉-压复合型锚索、新型抗爆炸动载锚索等,以服务于我国工程建设。

参 考 文 献

[1] 李世民,徐宝,郭彦明. 新型锚杆、锚索的发展现状及展望[J]. 预应力技术, 2015, 4(2): 12-19.

[2] 成永刚. 公路工程斜坡病害防治理论与实践[M]. 北京:人民交通出版社股份有限公司, 2020.

[3] 中华人民共和国住房和城乡建设部. 岩土锚杆与喷射混凝土支护工程技术规范:GB 50086—2015[S]. 北京: 中国计划出版社, 2015.

[4] 郭玉芳. 压力分散型锚索与普通拉力型锚索的对比[J]. 探矿工程(岩土钻掘工程), 2004, 31(5): 39-40.

[5] 中华人民共和国水利部. 水工预应力锚固设计规范: SL/T 212—2020[S]. 北京: 中国水利水电出版社, 2020.

[6] 中华人民共和国水利部. 水电水利工程预应力锚固施工规范: DL/T 5083—2019[S]. 北京: 中国电力出版社, 2019.

[7] BARLEY A D. The single bore multiple anchor system: ground anchorages and anchored structures[C]. London:Thomas Telford Publishing, 1997.

[8] 程良奎,张培文,王帆. 岩土锚固工程的若干力学概念问题[J]. 岩石力学与工程学报, 2015, 34(4): 668-682.

[9] 国家市场监督管理总局,国家标准化管理委员会. 预应力混凝土用钢绞线: GB/T 5224—2023[S]. 北京: 中国标准出版社, 2023.

[10] 中华人民共和国住房和城乡建设部. 无粘结预应力钢绞线: JG/T 161—2016[S]. 北京: 中国标准出版社, 2016.

[11] 中华人民共和国住房和城乡建设部. 缓粘结预应力钢绞线: JG/T 369—2012[S]. 北京: 中国标准出版社, 2012.

[12] 杨晓东. 锚固与注浆技术手册[M]. 北京:中国电力出版社, 2010.

[13] 国家质量监督检验检疫总局,中国国家标准化管理委员会. 预应力筋用锚具、夹具和连接器: GB/T 14370—2015[S]. 北京: 中国计划出版社, 2015.

[14] 赵大军. 岩土钻掘设备[M]. 长沙:中南大学出版社, 2010.

[15] 黄开启,古莹奎. 矿山工程机械[M]. 北京:化学工业出版社, 2013.

[16] 朱国平,罗强. 岩土锚固工程钻机及钻孔机具的配套选型[J]. 探矿工程(岩土钻掘工程), 2003(4): 38-41.

[17] 中华人民共和国住房和城乡建设部. 建筑基坑支护技术规程: JGJ 120—2012[S]. 北

京: 中国建筑工业出版社, 2012.

[18] 胡启升. 雅万高铁高陡边坡预应力锚索墩+锚索格梁加固技术[J]. 路基工程, 2004, 14(2): 204-209.

[19] 李威. 山区高速公路斜坡路基边坡加固治理及效果研究[J]. 西部交通科技, 2024, 56(1): 86-88.

[20] 李斌. 高边坡综合防护及滑坡治理分析[J]. 浙江水利水电学院学报, 2023, 35(6): 60-66.

[21] 邵方敬. 某水电站锚固系统智能化施工技术分析: 2021水利水电地基与基础工程技术创新与发展论文集[M]. 北京: 中国水利水电出版社, 2021.

[22] 周坤, 唐国涛, 王彦峰, 等. 智能等值张拉系统在基坑锚索施工中的应用[J]. 建筑施工, 2022, 44(12): 3006-3009.

[23] 邓礼娇. 预应力碳纤维板智能锚固装置的研究[D]. 桂林: 桂林理工大学, 2018.

[24] 宝瑙珉. 预应力梁智能张拉系统的荷载确定及结构优化[D]. 柳州: 广西科技大学, 2013.

[25] 张勇, 许蔚峰, 盛宏光, 等. 张拉工艺对压力分散型锚索荷载不均匀系数的影响[J]. 岩石力学与工程学报, 2009, 28(S1): 2954-2959.

[26] 夏静, 袁建伟. 反拉法锚下有效预应力检测方法研究[J]. 公路与汽运, 2016(6): 210-212.

[27] 朱杰兵, 韩军, 程良奎, 等. 三峡永久船闸预应力锚索加固对周边岩体力学性状影响的研究[J]. 岩石力学与工程学报, 2002, 21(6): 853-857.

[28] 王妍. 白鹤滩水电站近坝区复合层状岩质边坡锚固机理及其锚固效果研究[D]. 武汉: 中国地质大学, 2023.

[29] 程良奎. 单孔复合锚固法的机理与实践: 新世纪岩石力学与工程的开拓和发展论文集[M]. 北京: 中国科学技术出版社, 2000.

[30] 顾金才. 预应力锚索内锚固段受力特点现场试验研究: 岩土锚固新技术论文集[M]. 北京: 人民交通出版社, 1998.

[31] 林文亮. 长江三峡水利枢纽永久船闸边坡设计及加固支护: 岩土锚固新技术论文集[M]. 北京: 人民交通出版社, 1998.

[32] 郭严伟. 舜过山边坡信息化/自动化监测技术研究及其稳定性分析[D]. 常州: 常州大学, 2023.

[33] 李智. 边坡应力监测与预警系统研究与应用[D]. 阜新: 辽宁工程技术大学, 2022.

[34] 李胜, 罗明坤, 范超军, 等. 露天矿滑坡体预应力锚索远程监测技术[J]. 自然灾害学报, 2015, 24(4): 207-211.

[35] 周群华, 闫澍旺, 邓卫东, 等. 锚索测力计在预应力锚索加固挡墙监测中的应用[J]. 公路交通科技, 2013, 30(3): 52-58.

[36] 郭永兴,李志雄. 增敏型光纤布拉格光栅锚索测力传感器[J]. 激光与光电子学进展, 2023, 60(5): 78-85.

[37] 覃荷瑛, 姜致豪, 周文龙. 光纤光栅传感器对预应力锚索的受力监测[J]. 科学技术与工程, 2023, 23(2): 731-739.

[38] 李时宜. 基于框架梁耦合的分布式光纤传感高边坡监测研究[D]. 南京:南京大学, 2021.